SI GOVERNANO COSÌ

7.

SI GOVERNANO COSÌ

a cura di Carlo Fusaro

Volumi pubblicati:

Germania, di Francesco Palermo e Jens Woelk
Regno Unito, di Alessandro Torre
Spagna, di Roberto Scarciglia e Dania Del Ben
Francia, di Enrico Grosso
Cina, di Angelo Rinella
Canada, di Tania Groppi
Stati Uniti, di Luca Stroppiana

Volumi di prossima pubblicazione:

India, di Domenico Amirante

LUCA STROPPIANA

STATI UNITI

IL MULINO

I lettori che desiderano informarsi sui libri e sull'insieme delle attività della Società editrice il Mulino possono consultare il sito Internet: **www.mulino.it**

ISBN 88-15-10516-6

INDICE

GLI STATI UNITI

CAPITOLO PRIMO

IL CONTESTO GEOECONOMICO

1. *Cinquanta stati, una sola nazione*

Dice il motto sul Gran Sigillo degli Stati Uniti raffigurante l'aquila calva americana: *e pluribus unum*, da molti uno. Come suggerisce il nome, gli Stati Uniti d'America (United States of America, USA) sono costituiti da una pluralità di soggetti statali e costituiscono una repubblica federale. Originariamente, quando nel 1776 le colonie britanniche in Nord America dichiararono l'indipendenza, gli stati erano 13, affacciati lungo l'Atlantico (13 come le strisce orizzontali in rosso e bianco della bandiera). Nel corso del suo primo secolo di vita la repubblica si è estesa fin sulle sponde del Pacifico. Dalla costa orientale alla costa occidentale del continente nordamericano: oggigiorno, con un volo New York-Los Angeles, un viaggio di 4 mila km in 6 ore. Nei territori via via acquisiti, i territori della cosiddetta frontiera, si sono poi formati nuovi stati fino a raggiungere il numero di 50 (50 come le stelle bianche nel rettangolo blu della bandiera).

Gli Stati Uniti, con una superficie di 9.631.418 km^2, oltre trenta volte quella dell'Italia, sono il terzo paese più grande del mondo: circa la metà della Russia, poco meno del Canada, poco più della Cina. A nord confinano con il Canada (6.416 km lungo il 49° parallelo da occidente al Lago Superiore e i successivi segmenti dai Grandi Laghi ad oriente), a sud con il Messico (3.141 km fra le città di San Diego e Brownsville, confine per un lungo tratto coincidente con il corso del Rio Grande, da El Paso al golfo del Messico). A est sono bagnati dall'oceano Atlantico, a ovest dall'oceano Pacifico (19.924 km). Da costa a costa si attraversano quattro fusi orari: quando è mezzogiorno a New York, a Los Angeles sono le 9 di mattina (ore 18 in Italia). Gli stati sono tutti contigui tranne due (in altri due fusi orari): l'Alaska, nell'estremità nordoccidentale del continente, bagnato a nord dall'oceano Artico, lo stretto di Bering lo separa dalla Russia a ovest, e circondato a est dal territorio canadese (2.477 km); le Hawaii, un arcipelago composto da otto isole principali nel mezzo dell'oceano Pacifico, a duemila miglia marine dalla costa statunitense.

Gli stati possono essere raggruppati in quattro aree regionali: Nordest, Midwest, Sud, Ovest. A loro volta essi possono essere raggruppati per aree sub-regionali: New England e Middle Atlantic gli stati nordorientali, East North Central e West North Central quelli centro-occidentali, South Atlantic, East South Central e West South Central quelli meridionali, West Mountain e West Pacific quelli occidentali. Ciascuno dei 48 stati contigui, tranne il Maine nell'estremità nordorientale, confina con almeno due degli altri stati (fino a otto). Per superficie lo stato più grande è l'Alaska (1.717.854 km^2), che è quello meno densamente popolato; il secondo più grande è il Texas (696.241 km^2, il doppio dell'Italia). Lo stato più piccolo è il Rhode Island (4.005 km^2, poco più della Valle d'Aosta), che è quello con la più alta densità di abitanti dopo il New Jersey. Gli Stati Uniti possiedono inoltre alcune dipendenze territoriali nel Pacifico e nell'Atlantico: Porto Rico (isola nel Mar dei Caraibi con 3,9 milioni di abitanti, che potrebbe diventare il 51° stato), Isole Vergini, Guam, Samoa americane, Marianne settentrionali, varie isole e atolli disabitati.

La capitale degli Stati Uniti non è situata in nessuno degli stati, ma in un distretto federale separato. La capitale è Washington, così chiamata in onore del padre della patria, da non confondere con lo stato che porta lo stesso nome, e si trova nel District of Columbia (da cui l'abbreviazione Washington, DC). Il distretto, istituito nel 1790, si estende su 177 km^2 lungo il confine fra Maryland e Virginia. In origine, oltre al territorio compreso entro i confini del Maryland, si estendeva a forma di diamante anche al di là del fiume Potomac, nell'attuale contea di Arlington in Virginia (famosa per il grande cimitero militare). Il percorso più conosciuto della capitale è quello che parte dalla statua del Lincoln Memorial, arriva all'obelisco del Washington Monument, prosegue lungo il National Mall e si conclude a Capitol Hill, sede del Congresso degli Stati Uniti; l'obelisco guarda a nord verso la White House, residenza del presidente degli Stati Uniti al numero 1600 di Pennsylvania

Avenue. In base alla Costituzione degli Stati Uniti, l'autorità legislativa del distretto è il Congresso, ma esso la esercita per lo più delegandola agli organi di governo locale. In base all'*Home Rule Act* del 1973, la legge federale che disciplina l'ordinamento di Washington, DC, il distretto è amministrato da un sindaco e da un consiglio di 12 membri, con un proprio sistema giudiziario.

Secondo il quinquennale «censimento dei governi», negli Stati Uniti ci sono 87.525 enti locali a fini generali o a fini speciali (dato 2002). I primi si distinguono in due livelli di governo: le contee (3.034, in tutti gli stati tranne due) e i governi comunali (35.933, in genere denominati *cities* o *towns*). I secondi includono, fra gli altri, i distretti scolastici. L'ordinamento degli enti locali è stabilito dalla legislazione di ciascuno stato. Esistono città-contea (ad esempio, San Francisco) e città indipendenti (ad esempio, Baltimora, che è distinta dall'omonima contea).

Gli Stati Uniti sono poi caratterizzati dalla presenza dei governi tribali nelle «riserve» degli indiani americani. Il territorio indiano, l'*Indian Country*, si estende su circa 225.000 km^2, distribuiti in molti stati (a parte le terre dei nativi dell'Alaska). Le riserve sono quasi 300, la più grande quella dei Navajos lungo tre dei quattro angoli di confine fra Utah, Arizona, New Mexico e Colorado. Le tribù indiane sono comunità unite da vincoli storici, linguistici, etnici: si parla infatti di nazioni native americane, seppur definite «nazioni dipendenti» dal governo degli Stati Uniti il quale ha una «responsabilità fiduciaria» nei confronti delle tribù (in qualità di *trustee*). L'autogoverno tribale è quindi soggetto ai limiti della legge federale. Una legge del 1988 regolamenta il gioco d'azzardo e l'apertura di casinò nelle terre indiane, la principale fonte di finanziamento di queste comunità (un giro di affari annuo di oltre 20 miliardi di dollari).

2. *Una crescita demografica ininterrotta*

Nel XX secolo la popolazione degli Stati Uniti è più che triplicata: da 76 milioni nel 1900 a 281 milioni nel 2000. Il censimento del 2000 ha registrato un aumento in dieci anni pari al 13%, che ha riguardato tutte le aree regionali (19,7%

nell'Ovest, 17 nel Sud, 7,9 nel Midwest, 5,5 nel Nordest) e tutti gli stati (punta massima in Nevada col 66%, Las Vegas l'area metropolitana in più rapida crescita). In termini assoluti, con 32,7 milioni in più rispetto al censimento del 1990, è stato il decennio di maggior sviluppo demografico.

Nel nuovo millennio la crescita è continuata a ritmi attorno all'1% all'anno, conseguente per tre quinti a un incremento naturale e per due quinti ai flussi dell'immigrazione sia regolare sia irregolare (che a sua volta contribuisce all'incremento naturale, gli immigrati di seconda generazione). Secondo la stima del 2005, la popolazione è costituita da 296.410.404 abitanti. Gli Stati Uniti sono il terzo paese più popoloso del mondo (erano il quarto prima del crollo dell'Unione Sovietica), preceduti da Cina e India (sopra il miliardo) e seguiti dall'Indonesia (più di 200 milioni). Il dato corrisponde a una densità di 30 ab. per km^2, più bassa rispetto ad altri 142 paesi. Lo Us Population Clock nel sito del Census Bureau aggiorna ogni *n* secondi la popolazione stimata. Dopo aver superato il traguardo dei 300 milioni nel primo decennio del 2000, le proiezioni indicano che si arriverà a 325 entro il 2015 e a 350 nei successivi dieci anni. La soglia di 400 milioni sarà varcata prima del 2050. Il ritmo attuale di crescita e le proiezioni future sono in netto contrasto con le tendenze demografiche nell'Unione europea. Negli Stati Uniti sono molto più elevati sia il tasso di natalità sia il tasso migratorio.

Dal punto di vista della distribuzione geografica, l'Ovest e il Sud sono le regioni che hanno maggiormente contribuito allo sviluppo demografico (66% dell'aumento complessivo in tutto lo scorso secolo). La popolazione è distribuita oggi per il 36,1% nel Sud, il 23 nell'Ovest, il 22,4 nel Midwest, il 18,6 nel Nordest. La California è lo stato più popoloso (36,1 milioni), seguita da Texas (22,8), New York (19,2), Florida (17,7), Illinois (12,7), Pennsylvania (12,4), Ohio (11,4), Michigan (10,1). Gli altri stati: tredici fra 5 e 10 milioni, ventidue fra 1 e 5 milioni, sette meno di 1 milione. Lo stato meno popoloso è il Wyoming (509 mila). La città più popolosa, New York City, con oltre 8 milioni, conta da sola una popolazione superiore a quella di trentanove stati. Los Angeles ha 3,8 milioni di abitanti, Chicago 2,8 milioni; altre sei città più di 1 milione, ventitre città più di 500 mila. Il Distretto di Columbia, che registra una tendenza in declino da diversi decenni, ha 550 mila abitanti. L'80% della popolazione risiede in aree metropolitane (50% nelle zone suburbane, 30% in quelle centrali), di cui circa un abitante su tre in concentrazioni sopra i 5 milioni.

L'età media della popolazione è 36,5 anni, la più alta mai raggiunta ma comunque inferiore a quella di molti paesi europei (in Italia è 42,2). Dal punto di vista della distribuzione per fasce di età, si hanno le seguenti percentuali: 6,8 sotto i 5 anni; 18,1 fra 5 e 17; 38,6 fra 18 e 44; 24,1 fra 45 e 64; 12,4 da 65 in su. A partire dal secondo dopoguerra la classe di età più numerosa di decennio in decennio è sempre stata quella dei nati nel periodo 1946-1964, cioè la generazione del *baby boom*. Nel censimento del 2000 i gruppi di età più numerosi erano infatti quelli compresi fra 35 e 39 e fra 40 e 44 anni. La popolazione anziana è cresciuta negli anni Novanta del 12%, per la prima volta nello scorso secolo un aumento in termini percentuali inferiore alla crescita complessiva. L'aumento sarà più rapido con l'ingresso dei *baby boomers* nella fascia dei 65 anni a partire dal 2011, secondo le proiezioni, arrivando al 20% della popolazione totale nel 2030. 65 anni è l'età pensionabile fissata dalla legge sulla previdenza sociale del 1935, innalzata gradualmente dalla riforma del 1983 (fino a 67 anni per i nati dal 1960 in poi, ma non si tratta comunque di pensionamento obbligatorio).

3. *La «diversità» di razze ed etnie*

La «diversità» razziale ed etnica ha contraddistinto in modo sempre più vistoso nel corso del XX secolo la composizione demografica degli Stati Uniti, mutata specialmente negli ultimi tre decenni a seguito della forte immigrazione dall'America Latina e dall'Asia. Razza ed etnia sono concetti distinti ai fini del censimento. I dati del 2000 sulla «popolazione per razza» sono stati raccolti in base alle risposte di ciascun censito alla domanda su «come considera se stesso» (bianco, nero, indiano americano, asiatico, nativo hawaiiano ecc.).

Persone di una certa razza possono appartenere a un qualsiasi gruppo etnico, e viceversa persone di un certo gruppo etnico possono appartenere a una qualsiasi razza (ad esempio, bianchi o neri ispanici e bianchi o neri non ispanici). La «popolazione di origine ispanica» è definita separatamente dall'identificazione razziale (portoricani, messicani, cubani ecc.). Vi sono poi i dati sulla «popolazione per discendenza», relativi a uno specifico paese o area di origine. Ad esempio, nel 2000 i censiti dichiaratisi italoamericani erano 15,6 milioni.

A partire dal 1970 i censimenti hanno registrato un significativo aumento della popolazione appartenente a razze diverse da quelle bianca e nera. Nel censimento del 2000 le percentuali erano: 75,1 bianchi; 12,3 afroamericani; 3,6 asiatici; 0,9 indiani americani; 0,1 nativi delle Hawaii o di altre isole del Pacifico; 5,5 altre razze; 1,5 razze miste. Nello stesso tempo è notevolmente aumentata la popolazione ispanica: 12,5%, il doppio rispetto a venti anni prima. Combinando i dati sulla razza e sull'origine ispanica, i *latinos* sono oggi la minoranza più grande, avendo superato la minoranza nera.

Ci sono quattro stati nei quali oltre il 50% della popolazione è costituito da minoranze (c.d. *majority-minority states*, nei quali cioè la maggioranza bianca non ispanica è minoranza rispetto a tutti gli altri gruppi razziali e agli ispanici, California, Hawaii, New Mexico, Texas). In altri cinque stati (Arizona, Georgia, Maryland, Mississippi, New York) le minoranze arrivano al 40% della rispettiva popolazione. Per aree regionali i dati del 2000 sono: 41,6% della popolazione dell'Ovest, con le maggiori concentrazioni di asiatici (49,9% della popolazione asiatica complessiva), indiani americani (48) e ispanici (43,5); 34,2 del Sud, con la maggiore concentrazione di neri (54,8); 26,6 del Nordest e 18,6 del Midwest.

4. *Ondate di immigrazione*

La storia di nessun paese è così strettamente legata ai fenomeni migratori come quella americana. L'immigrazione da ogni luogo del mondo ha plasmato e riplasmato l'identità nazionale degli Stati Uniti. Essa ha conosciuto diverse ondate. La prima ondata, la fase delle grandi migrazioni transatlantiche, ha percorso tutto l'Ottocento, grazie a una politica di apertura delle frontiere, se si eccettuano alcune «restrizioni selettive» introdotte alla fine del secolo (ad esempio, l'esclusione di un gruppo nazionale individuato per nome: i cinesi). Culmine di quella fase i primi venti anni del

Novecento: 15 milioni di persone arrivarono negli Stati Uniti, di cui una gran parte attraverso la «porta d'oro» di Ellis Island, il centro di accoglienza aperto nel 1892 nel porto di New York (oggi monumento nazionale). Proprio in quegli anni si iniziò a descrivere la realtà americana con l'espressione *melting pot*: una nazione di immigrati, un crogiolo di tante diversità che riescono a fondersi e integrarsi. Negli anni Venti del XX secolo cambiarono le politiche sull'immigrazione. Seguì una fase di contrazione dei flussi migratori. Con le leggi del 1921-24 furono introdotte «restrizioni quantitative», con il sistema delle quote per paesi di origine calcolate secondo una formula fatta apposta per limitare l'immigrazione europea dai paesi orientali e meridionali, divenuta prevalente nel passaggio fra Otto e Novecento (ad esempio, nel decennio 1901-10 il 65,8% degli europei provenne da Austria-Ungheria, Italia e Russia, mentre nel decennio 1881-90 il 61,5% era arrivato da Germania, Regno Unito e Irlanda).

Le quote nazionali vennero confermate dal testo unico sull'immigrazione del 1952 (*Immigration and Nationality Act*). Alla loro abolizione si arrivò con la riforma del 1965, che le sostituì con un sistema di quote preferenziali per motivi di famiglia o di lavoro, applicate a tutti gli immigrati da qualunque continente o paese. La riforma è stata seguita nei decenni successivi dalla più forte ondata migratoria di tutti i tempi, contrassegnata da un mutamento significativo. L'immigrazione da prevalentemente europea è diventata prevalentemente latinoamericana e asiatica. L'Europa non è più il primo continente di origine dal decennio 1961-70, sorpassata dalle Americhe, e dal decennio 1971-80 anche dall'Asia. Ad esempio, nel decennio 1991-2000 i dati sono: 4,5 milioni dalle Americhe; 2,8 milioni dall'Asia; 1,4 milioni dall'Europa; 354 mila dall'Africa; 55 mila dall'Oceania.

Questi numeri si riferiscono agli stranieri ammessi come «residenti regolari permanenti», ai quali è stato cioè rilasciato un «visto da immigrante», la c.d. *Green Card* o carta verde. L'ammissione avviene sulla base di «family-sponsored preferences» e di «employment-based preferences», con limiti numerici annuali. I visti disponibili per ricongiungimenti familiari sono assegnati in ordine di preferenza a quattro categorie: figli adulti non sposati di cittadini; coniugi, figli minori, figli adulti non sposati di residenti regolari permanenti; figli adulti sposati di cittadini; fratelli e sorelle di cittadini adulti. Il limite è compreso fra 226 mila e 480 mila. I visti per lavoro sono assegnati prioritariamente a: stranieri con «capacità straordinarie» (al massimo livello), eminenti professori e ricercatori, dirigenti e manager di multinazionali. Le altre categorie privilegiate sono: stranieri in possesso di lauree specialistiche o dotati di «capacità eccezionali» (superiori alla media); lavoratori specializzati, professionisti con laurea di primo livello e «altri lavoratori»; persone destinate a lavorare per conto di una confessione religiosa (inclusi i ministri di culto); investitori stranieri (c.d. visti per la «creazione di posti di lavoro»). Il limite è 140 mila. Vi sono poi i visti riservati ai «diversity immigrants», estratti a sorte con la c.d. lotteria per la carta verde, alla quale possono partecipare i cittadini di paesi con meno di 50 mila visti nei cinque anni precedenti. Il tetto massimo complessivo degli immigranti è 670 mila, ma essendo previste categorie al di fuori delle quote, principalmente i parenti prossimi di cittadini americani (genitori, coniugi, figli minori), il numero totale di residenti permanenti ammessi ogni anno è superiore al tetto. Norme specifiche sono poi previste per rifugiati e richiedenti asilo.

I «non immigranti» sono invece gli stranieri che chiedono di essere ammessi per un periodo determinato. Esistono più di venti tipi di «visto da non immigrante», contraddistinti da una lettera dell'alfabeto: ad esempio, i visti H per lavoratori temporanei; i visti F per studenti universitari; i visti B per affari o turismo. Il Visa Waiver Program consente ai cittadini di ventisette paesi, fra cui l'Italia, di entrare negli Stati Uniti per soggiorni di non più di 90 giorni senza dover richiedere il visto (basta avere un passaporto valido e compilare il documento di arrivo/partenza).

È in corso un vero e proprio *boom* di residenti permanenti. Dopo i 4,4 milioni negli anni Settanta e i 7,3 milioni negli anni Ottanta, il numero di immigranti è salito a 9 milioni nel 1991-2000. Dal 2001 al 2005 la media annuale è stata di oltre 980 mila. Nel solo 2005, ad esempio, gli immigranti sono stati 1,1 milioni, di cui il 34% nuovi arrivi e il 66% già presenti ad altro titolo; il 35,7% provenienti dall'Asia, il 30,8 da Nord e Centro America, il 15,7 dall'Europa, il 9,2 dal Sud America, il 7,6 dall'Africa, lo 0,6 dall'Oceania; i primi dieci paesi erano Messico, India, Cina, Filippine, Cuba, Vietnam, Repubblica Dominicana, Corea, Colombia, Ucraina.

Con l'immigrazione regolare è cresciuta fortemente quella irregolare (chi entra senza visto o rimane oltre la sua scadenza). Un metro di misura dell'immigrazione è la «popolazione nata all'estero» rilevata dal censimento, che comprende anche gli stranieri irregolari. Il dato 2005 è superiore al 12% della popolazione totale, (in termini assoluti 36 milioni). La percentuale è più che raddoppiata in trent'anni. La presenza dei clandestini, in gran parte messicani, viene stimata a 10-11 milioni. La legge stabilisce i procedimenti di espulsione e prevede il reato di «ingresso illegale», oltre a elencare categorie di stranieri che non possono ottenere il visto. L'ultima grande «amnistia» di clandestini risale al 1986, quando ne vennero regolarizzati 2,7 milioni. Nello stesso tempo vennero introdotte sanzioni penali contro i datori di lavoro che assumono stranieri non in regola, peraltro raramente applicate. Le leggi più recenti hanno messo in primo piano la lotta all'immigrazione clandestina, la sicurezza e i controlli alle frontiere. La legislazione post-11 settembre ha soppresso la vecchia agenzia all'interno del dipartimento della Giustizia (Immigration and Naturalization Service); i suoi compiti sono stati divisi fra tre agenzie istituite all'interno del nuovo dipartimento della Sicurezza interna (Us Citizenship and Immigration Services, Us Customs and Border Protection, Us Immigration and Customs Enforcement). Sono state inoltre aggiornate le procedure di ingresso e uscita, con l'utilizzo di sistemi biometrici. La riforma dell'immigrazione è oggi un tema al centro del dibattito politico.

5. *Cittadinanza*

Tutte le persone nate negli Stati Uniti sono cittadini per nascita, indipendentemente dalla cittadinanza dei genitori e, se nate da genitori stranieri, dal loro status di residenti permanenti o visitatori temporanei o di immigrati regolari o irregolari. Il principio dello *ius soli* è infatti in Costituzione. La legge, oltre a ripetere la formula costituzionale («a person born in the United States, and subject to the jurisdiction thereof»), coniuga lo *ius soli* con lo *ius sanguinis* attribuendo la cittadinanza per nascita alle persone nate all'estero da genitori cittadini, sulla base di certi requisiti di residenza o presenza fisica negli Stati Uniti prima della nascita del figlio. Sono previste quattro ipotesi: se entrambi i genitori sono cittadini e sono sposati, è sufficiente che uno dei due abbia avuto «una residenza», non importa per quanto tempo; se i genitori sono sposati ma uno dei due è straniero, si richiede che il genitore cittadino sia stato «fisicamente presente» per almeno 5 anni, anche in tempi diversi; se il figlio è nato al di fuori del matrimonio da madre cittadina, la madre deve essere stata fisicamente presente per un periodo continuativo di almeno un anno; se invece la madre è straniera, vale per il padre cittadino il requisito di 5 anni di presenza fisica come per i genitori sposati.

Il principio in base al quale cittadini stranieri possono acquisire la cittadinanza americana dopo un soggiorno di alcuni anni negli Stati Uniti fu stabilito fin dal 1790. Possono diventare cittadini naturalizzati i residenti permanenti. Il primo requisito è quindi aver ottenuto il visto da immigrante. Gli altri requisiti sono: aver risieduto continuativamente per almeno 5 anni (3 anni per coloro che hanno ottenuto la carta verde sposando un cittadino); essere stati fisicamente presenti per almeno 30 mesi (18 mesi per gli sposi di cittadini) durante il periodo richiesto di residenza continuativa; essere incensurati (la legge usa l'espressione «person of good moral character»); conoscere la lingua inglese e gli elementi fondamentali di storia e istituzioni degli Stati Uniti; giurare «fedeltà alla Costituzione».

6. *La crescita economica*

Gli Stati Uniti sono la prima economia del mondo. Il prodotto interno lordo in termini nominali nel 2005 è stato pari a $12.487,1 miliardi di dollari (PIL pro capite $42 mila). L'ultimo decennio dello scorso secolo ha conosciuto un'espansione robusta, il ciclo espansivo più lungo nella storia dell'economia americana. Dopo la recessione del 1991, il PIL reale è cresciuto nei nove anni successivi a una media superiore al 3,5% (dal 1997 al 1999 sopra il 4%). Il valore nominale è salito da

$5.935,1 nel 1991 a $9.709,8 miliardi nel 2000. All'inizio del nuovo millennio si è assistito a un rallentamento dell'economia provocato da varie congiunture: lo scoppio della c.d. bolla speculativa della *new economy*, i contraccolpi degli attacchi terroristici dell'11 settembre 2001, una serie di scandali finanziari. Fra 2000 e 2001 la crescita del PIL passò dal 3,7 allo 0,8%. La fase di contrazione è stata rapidamente superata e l'economia ha ripreso a correre, con medie molto più alte di quelle europee: nel 2002 l'1,6%; nel 2003 il 2,7; nel 2004 il 4,2; nel 2005 il 3,5. Sono fortemente aumentati gli investimenti privati, è diminuito il tasso di disoccupazione, sceso al livello più basso degli ultimi decenni (oggi inferiore al 5%), l'inflazione si è mantenuta bassa.

La crescita sostenuta ha portato a una progressiva riduzione del deficit di bilancio. Dopo aver toccato il 4,7% del PIL nel 1992, il deficit è calato progressivamente nei cinque anni successivi. Nel 1998 il bilancio federale ha registrato un attivo, per la prima volta dal 1969. L'avanzo è salito dallo 0,8 all'1,4% nel 1999 e al 2,4 nel 2000, per poi scendere all'1,3 nel 2001. Il bilancio è poi tornato in deficit: -1,5% nel 2002; -3,5 nel 2003; -3,6 nel 2004; -2,6 nel 2005. Gli anni più recenti sono stati contraddistinti da una politica di ampi tagli fiscali (*tax relief*) e dall'aumento delle spese per la difesa e la sicurezza (*war on terror*). Il debito pubblico, dopo aver toccato il 67,3% del PIL nel 1996 ed essere sceso fra 1997 e 2001 dal 63,5 al 57,4, ha ripreso la sua salita: nel 2005 era al 64,3%.

CAPITOLO SECONDO

TAPPE DI STORIA COSTITUZIONALE

1. *L'America delle colonie*

Il 4 luglio è la festa nazionale dell'*Independence Day*. Con la Dichiarazione di indipendenza del 4 luglio 1776 le colonie britanniche in Nord America, le cosiddette tredici Colonie Unite, si proclamarono infatti «stati liberi e indipendenti». La Dichiarazione venne sottoscritta dai «rappresentanti degli Stati Uniti d'America» riuniti nel Congresso continentale. Essi sentirono il dovere, davanti all'umanità intera, di spiegare le «cause della separazione». Prima di giungere al punto di non ritorno, le colonie avevano continuato a riaffermare la loro obbedienza alla Corona, rivendicando i tradizionali diritti dei sudditi di Sua Maestà, nel nome dei comuni principi della costituzione inglese. Era stata questa la linea seguita anche nei momenti più drammatici della crisi nelle relazioni con la madrepatria, esplosa negli anni Sessanta del XVIII secolo. La crisi era passata dalla protesta alla rivolta e dalla rivolta al confronto armato. Quando l'indipendenza venne dichiarata, eserciti e milizie di patrioti e lealisti si stavano fronteggiando sui campi di battaglia già da un anno, e per un anno gli «americani» combatterono sventolando una bandiera con l'*Union Jack*. La guerra rivoluzionaria sarebbe continuata, dopo l'indipendenza, per sette anni.

La storia dell'America coloniale abbraccia più di un secolo e mezzo. I primi insediamenti permanenti risalgono agli inizi del Seicento (dopo alcuni tentativi falliti: la colonia perduta di Roanoke Island, 1585-87). In epoca elisabettiana il territorio nordamericano rivendicato dagli inglesi per diritto di scoperta (derivante dalle esplorazioni di Giovanni Caboto) venne chiamato Virginia. Successivamente si tracciò una linea «da mare a mare» fra la Virginia a sud e la Nuova Inghilterra a nord, e la colonizzazione fu affidata a società commerciali private, munite di statuto (*charter*) concesso dal re. La Compagnia della Virginia fondò nel 1607 Jamestown. L'insediamento, superando durissime avversità, incontrandosi e scontrandosi con gli indiani Powhatan, riuscì a sopravvivere e prosperare, ma non salvò dal fallimento la società che vi aveva investito grandi somme. Nel 1620 un gruppo di dissidenti religiosi, i pellegrini, emigrò nel Nuovo Mondo con una concessione della stessa compagnia. Una tempesta dirottò la loro nave a nord della destinazione prevista, al di fuori della giurisdizione della Virginia, dove fondarono l'insediamento di Plymouth. Prima di sbarcare gli uomini sottoscrissero il *Mayflower Compact*, promettendosi reciprocamente di costituire una comunità politica retta da «leggi giuste e uguali».

Le colonie si formarono in tempi e modi diversi, senza un piano generale. Fra la fondazione della Virginia e la fondazione della Pennsylvania passarono settantacinque anni. Il modello delle «colonie commerciali» fu quello adottato anche per la colonizzazione della Baia del Massachusetts (lo statuto regio definiva la società istituita nel 1629 «one body corporate and politic»). Anche se nata come impresa commerciale, il motivo predominante era la fuga dalle persecuzioni religiose. La guida dell'impresa venne infatti assunta dai puritani. Quella puritana fu la prima grande ondata migratoria oltreoceano. Da altri insediamenti nella stessa regione nacquero poi colonie separate: Connecticut, con i *Fundamental Orders* adottati dai coloni nel 1639; Rhode Island and Providence Plantations, fondato negli anni Trenta da dissidenti puritani espulsi dal Massachusetts. Entrambe le colonie ottennero successivamente una carta regia. In Nuova Inghilterra si formò anche la colonia del New Hampshire.

Il Maryland, fondato nel 1632, fu il primo esempio di «colonia proprietaria». Anziché a una compagnia di azionisti, la carta regia venne concessa a un singolo o a un gruppo di proprietari, nel caso del Maryland a un lord di religione cattolica romana. Colonie di questo tipo furono la Carolina nel 1663-65, poi divisa in due (Carolina del Nord e Carolina del Sud), e la Pennsylvania, fondata dai quaccheri nel 1681 (da cui poi si separò il Delaware). Il territorio della valle dell'Hudson, che era stato colonizzato dagli olandesi, fu conquistato dall'Inghilterra nel 1664. La Nuova Olanda, con il villaggio di Nuova Amsterdam sull'isola di Manhattan, fu concessa al duca di York e ribattezzata New York. Nella stessa regione le due province del Jersey, concesse ad altri proprietari, furono poi riunite nella colonia del New Jersey. L'ultima colonia, la Georgia, fondata nel 1732, aveva un diverso regime giuridico. Era infatti di una *trustee colony* affidata, come se si trattasse di un patrimonio, a un gruppo di fiduciari i quali avevano promosso a fini filantropici l'insediamento nella regione al confine con la Florida spagnola.

Alla vigilia della Rivoluzione quasi tutte le colonie erano controllate direttamente dalla Corona. La Virginia era stato il primo esempio di «colonia regia», fin dal 1624 (c.d. *Old Dominion*). Tre erano le colonie ancora controllate da famiglie proprietarie: Maryland, Pennsylvania e Delaware, mentre Connecticut e Rhode Island mantenevano gli statuti del 1662 e 1663. Delle otto colonie regie, il Massachusetts era l'unica a possedere uno statuto regio (*charter* del 1691). In tutte le colonie vi erano un governatore, nominato dalla Corona o dai lord proprietari (in Connecticut e Rhode Island eletto direttamente), un consiglio nominato dal governatore con funzioni di camera alta (tranne in Pennsylvania e Georgia, le uniche colonie con parlamento monocamerale), una assemblea legislativa eletta dai *freemen*, con diritto di voto legato a requisiti di proprietà, comunque molto più esteso che nella madrepatria. La distanza oceanica, la frammentazione amministrativa sugli affari coloniali, le turbolente vicende della storia inglese nel corso del Seicento, furono tutti elementi che consentirono alle colonie di evolversi autonomamente e di sviluppare proprie istituzioni di autogoverno. Le assemblee elettive diventarono il centro della vita politica coloniale. Le colonie facevano parte di un sistema di commercio imperiale, soggette alle regole e ai vincoli delle leggi mercantiliste del parlamento inglese; il loro principale referente nell'amministrazione inglese era un organismo chiamato Board of Trade. Quando Londra iniziò a seguire un indirizzo più centralizzatore, emersero divergenze di interessi, malumori e tensioni latenti, vecchi e nuovi risentimenti. Le colonie iniziarono allora a entrare in rotta di collisione con la madrepatria.

La nuova politica imperiale venne inaugurata nel 1763, anno in cui si concluse la guerra dei Sette anni in Europa, o guerra franco-indiana, come si chiamò sul fronte americano. Per l'Inghilterra fu un trionfo. Essa acquisì i territori della Nuova Francia all'interno del continente, fino alla riva orientale del Mississippi e in Canada. L'obiettivo inglese fu duplice: da una parte, far rispettare più rigorosamente le leggi commerciali e reprimere il contrabbando (in tal senso l'*American Revenue Act* del 1763 che riorganizzò il sistema delle entrate e dei controlli doganali); dall'altra, far contribuire finanziariamente le colonie, attraverso nuove leggi fiscali, alle spese per l'amministrazione e la difesa delle colonie stesse. Sulla legislazione commerciale e fiscale del parlamento britannico si aprì una discussione di carattere politico-costituzionale, riassunta nella formula «no taxation without representation». Secondo i sudditi d'oltre Atlantico, quella legislazione non solo era «ingiusta», ma «incostituzionale».

Il primo grave scontro avvenne sullo *Stamp Act* del 1765: i coloni vennero tassati con un'imposta di bollo sulle carte legali e su qualsiasi stampato. Contro questa legge le colonie fecero causa comune e organizzarono il boicottaggio delle merci inglesi. Come affermarono nella conferenza di New York dell'ottobre 1765: «il popolo di queste colonie non è, e in considerazione del contesto locale, non può essere rappresentato nella Camera dei comuni in Gran Bretagna; unici rappresentanti del popolo di queste colonie sono le persone scelte all'interno di ciascuna di esse, dal popolo stesso; nessuna tassa è mai stata né può essere costituzionalmente imposta, se non dalla propria assemblea legislativa». Lo *Stamp Act* fu abrogato nel 1766. Lo scontro si rinnovò con i *Townshend Acts* del 1767, che ricorsero allo strumento delle imposte doganali, introducendo dazi su tutta una serie di beni di prima necessità che le colonie importavano dalla madrepatria. Esse risposero nuovamente col boicottaggio. Scoppiarono disordini violenti e le truppe britanniche spararono sulla folla. Le leggi furono abrogate nel 1770.

Nella disputa costituzionale, tuttavia, inglesi e «americani» non fecero passi avanti. Le posizioni di principio rimasero le stesse. L'abrogazione della legge sul bollo venne infatti accompagnata dal *Declaratory Act*, circa la piena autorità del Parlamento britannico di approvare leggi riguardanti le colonie «in ogni qualsivoglia caso». Il fatto è che gli inglesi sostenevano che il Parlamento di Westminster rappresentasse anche i sudditi delle colonie, indipendentemente dal fatto che questi eleggessero propri rappresentanti. L'abrogazione delle leggi daziarie venne accompagnata dal mantenimento simbolico del dazio sul tè, e fu proprio quello a riaccendere lo scontro dopo alcuni anni di relativa calma. Il *Tea Act* del 1773 attribuì alla compagnia inglese delle Indie orientali, che stava versando in crisi finanziaria, il monopolio del commercio del tè importato nelle colonie. Gli inglesi credettero di riscuotere il favore dei coloni inondando i loro mercati di tè a basso prezzo, ma ancora una volta furono incapaci di comprenderne le ragioni. La distruzione di un carico della compagnia, il famoso *Boston Tea Party* (16 dicembre 1773) organizzato dai «figli della libertà» di Samuel Adams, fu seguita da durissime ritorsioni: le «leggi intollerabili», come le chiamarono i coloni. Per riportare l'ordine nelle colonie, in particolare nel Massachusetts, epicentro della sollevazione, il Parlamento britannico approvò nel maggio-giugno 1774: il *Massachusetts Government Act*, che abrogò la carta regia e sciolse gli organi elettivi sostituendoli con organi nominati dal re; l'*Administration of Justice Act*, che sottrasse i funzionari inglesi alla giurisdizione dei tribunali locali; il *Boston Port Act*, che decretò la chiusura del porto di Boston; il *Quartering Act*, che consentì alle truppe inglesi di requisire ogni abitazione. I coloni considerarono «intollerabile» anche il *Quebec Act*, che allargò i confini dell'ex provincia francese.

I Congressi continentali convocati a Filadelfia, ai quali ogni colonia inviava una propria delegazione, cementarono l'unità delle colonie. Il primo Congresso continentale approvò il 14 ottobre 1774 una dichiarazione delle rimostranze coloniali e dei «diritti americani». Il Congresso decise di costituire una «associazione di non-importazione, non-consumo, non-esportazione» e di proporre altre «risoluzioni pacifiche», che però non portarono a nulla. I rivoluzionari si prepararono a combattere una «guerra inevitabile», come incitava Patrick Henry nel marzo 1775. Milizie del Massachusetts e truppe britanniche si scontrarono un mese più tardi: le battaglie di Lexington e Concord furono l'inizio della guerra rivoluzionaria. Nel maggio 1775 si riunì il secondo Congresso continentale. Esso istituì un esercito continentale e nominò George Washington comandante supremo delle forze americane. Il 6 luglio venne approvata la Dichiarazione delle cause e della necessità di prendere le armi. Re Giorgio III, in un proclama dell'agosto 1775, ordinò di «sopprimere la ribellione e consegnare i traditori alla giustizia».

La dichiarazione del 1775 negava recisamente che l'obiettivo delle colonie in guerra fosse la separazione dalla Gran Bretagna. Nel gennaio 1776 venne pubblicato *Common Sense*, dello scrittore rivoluzionario Thomas Paine, un pamphlet a favore dell'indipendenza americana che ebbe amplissima diffusione in tutte le colonie. Compiere quel passo fu compito del Congresso continentale. Nel maggio 1776 il Congresso raccomandò alle assemblee coloniali l'adozione di nuovi ordinamenti repubblicani. Già lo avevano fatto il New Hampshire e il Sud Carolina (gennaio e marzo 1776), varando le prime costituzioni scritte del ciclo costituzionale rivoluzionario. Seguirono la Virginia (Dichiarazione dei diritti del 12 giugno e Costituzione del 29 giugno) e tutte le altre colonie con le costituzioni adottate nel 1776-77 (il Massachusetts nel 1780), tranne Connecticut e Rhode Island che mantennero le antiche carte coloniali. Il 2 luglio 1776 il Congresso approvò la risoluzione sull'indipendenza presentata dal delegato della Virginia Richard Henry Lee.

Due giorni dopo venne approvata l'«unanime Dichiarazione dei tredici Stati Uniti d'America», il cui testo era stato predisposto da Thomas Jefferson. La Dichiarazione di indipendenza riassunse in modo mirabile tutti i temi e motivi che nei venti anni precedenti avevano contrapposto le colonie alla madrepatria. Le prime frasi sono immortali:

> Noi riteniamo che queste verità siano di per sé evidenti, che tutti gli uomini sono creati uguali e che sono dotati dal loro Creatore di certi inalienabili diritti fra i quali quelli alla vita, alla libertà e al perseguimento della felicità; che per salvaguardarli vengono istituiti fra gli uomini i governi, i quali derivano i propri giusti poteri dal consenso dei governati; che ogni qual volta una forma di governo tende a distruggere questi fini è diritto del popolo modificarla o abolirla e istituire un nuovo governo, fondandolo sui principi e organizzandone i poteri nel modo che gli paia più conveniente a realizzare la propria sicurezza e felicità.

Nelle «verità auto-evidenti» della Dichiarazione trovavano espressione l'ideale illuministico dell'uguaglianza fra gli uomini, il giusnaturalismo e la teoria contrattualista dello stato, il concetto di governo limitato e il principio della sovranità popolare, il diritto alla rivoluzione. Nella parte centrale sono formulati diciotto capi di accusa, di cui uno diviso in nove punti specifici, contro il sovrano inglese, responsabile di «torti e arbitrii ripetuti che hanno avuto direttamente a oggetto la creazione di un'assoluta tirannia su questi stati». Il Congresso eliminò dal testo di Jefferson un ulteriore capo di accusa per il ruolo inglese nell'«esecrabile commercio» di schiavi africani.

Proclamata l'indipendenza, le cose non si misero bene per i rivoluzionari: la sconfitta nella battaglia di New York City (luglio-agosto 1776), che rimase occupata dagli inglesi; la fuga da Filadelfia del Congresso continentale (dicembre 1776 e settembre 1777); il lungo inverno di Washington a Valley Forge (1777-78). Dopo una serie di disfatte e alcuni parziali successi, la resa inglese a Saratoga nell'ottobre 1777 fu una svolta decisiva perché aprì la strada all'intervento della Francia. I francesi erano rimasti affascinati da Benjamin Franklin, l'inviato americano a Parigi, ma nel dichiarare guerra alla Gran Bretagna Luigi XVI fu spinto soprattutto da volontà di rivalsa. Stati Uniti e Francia firmarono un trattato di amicizia e commercio e un trattato di alleanza (febbraio 1778). I negoziati di pace iniziarono dopo la capitolazione inglese a Yorktown (ottobre 1781) e si conclusero nel settembre 1783 con la firma del Trattato di Parigi. La Gran Bretagna dovette riconoscere l'indipendenza delle sue ex colonie.

3. *Dagli Articoli di Confederazione alla Costituzione degli Stati Uniti*

Il 15 novembre 1777 il Congresso continentale approvò gli Articoli di Confederazione e Unione perpetua. Ratificati da tutti gli stati nel 1778-79 (tranne il Maryland che attese altri due anni), essi entrarono in vigore il 1° marzo 1781. Con gli Articoli venne in sostanza codificata la struttura di governo che le colonie si erano collettivamente date a partire dalla convocazione del primo Congresso continentale. La formula utilizzata negli Articoli era «the United States in Congress assembled». Si affermava innanzitutto che «ogni stato conserva la propria sovranità, libertà e indipendenza e ogni potere, giurisdizione e diritto che non sia espressamente delegato da questa Confederazione agli Stati Uniti». Il successivo articolo affermava che gli stati «entrano a far parte di una salda lega di amicizia, per la difesa comune, la tutela delle loro libertà e il loro reciproco e generale benessere». Si stabilivano quindi diritti e obblighi degli stati fra loro e quelli derivanti dall'appartenenza all'Unione. L'organo confederale, chiamato appunto «gli Stati Uniti riuniti in Congresso», era costituito da delegati nominati annualmente secondo le modalità stabilite dalle assemblee legislative di ciascuno stato, in numero da due a sette, ma attribuendo a ogni delegazione statale un solo voto. Erano previsti la carica di presidente del Congresso, un «comitato degli stati» (quando il Congresso non era riunito) e «altri comitati e funzionari civili per gli affari generali degli Stati Uniti». Le competenze spettanti al Congresso erano quelle «sole ed esclusive» elencate negli Articoli.

Fu ben presto chiaro che questo assetto confederale non funzionava, sia per le inadempienze statali sia per l'insufficienza dei poteri congressuali. Ad esempio, il Congresso era privo di capacità impositiva. Per finanziare il bilancio degli Stati Uniti esso dipendeva dalle quote trasferite dagli stati, ma questi il più delle volte non pagavano le somme dovute. Non esistevano una valuta unica e una politica commerciale comune, perché non era stato previsto che il Congresso avesse potere esclusivo di emissione né alcun potere sul commercio interno (gli stati emettevano carta-moneta e imponevano dazi). Gli anni Ottanta del Settecento furono un periodo critico per la giovane repubblica. Una volta esaurito lo sforzo bellico, presero il sopravvento rivalità ed egoismi statali che la «corda di sabbia» degli Articoli di Confederazione non era in grado di controllare, e che misero a repentaglio la stessa credibilità internazionale degli Stati Uniti. Nel Congresso, una «assemblea di ambasciatori», era difficile anche raggiungere il quorum funzionale per le decisioni più importanti (due terzi, cioè nove stati). Le proposte di modifica degli Articoli, in particolare sulla questione delle finanze confederali, fallirono per l'impossibilità di ottenere il consenso di tutti gli stati, come previsto dall'art. XIII.

In questa situazione e di fronte a rischi di disgregazione maturò un'iniziativa costituente. Nel settembre 1786 si riunì la convenzione di Annapolis, convocata su proposta della Virginia per discutere di una disciplina uniforme delle relazioni commerciali interstatali. A essa parteciparono però soltanto cinque dei nove stati che avevano nominato delegati. I partecipanti decisero così di proporre una nuova convenzione allargando la discussione a tutti i difetti del sistema confederale, col fine di renderlo «adeguato alle esigenze dell'Unione». Ne fissarono già data e luogo: il secondo lunedì di maggio dell'anno seguente a Filadelfia. L'idea venne subito accolta da sei stati. Il Congresso la fece propria nel febbraio 1787, «al solo ed espresso scopo di revisionare gli Articoli di Confederazione». Anche gli altri stati, meno il Rhode Island, procedettero quindi alla nomina delle loro delegazioni.

Alla Convenzione parteciparono 55 delegati di dodici stati, uno spaccato della classe dirigente che aveva fatto la Rivoluzione, Washington in testa, che la presiedette. Convocata per «revisionare gli Articoli», la Convenzione decise invece di metterli da parte e scrivere una nuova carta costituzionale, adottando come testo base il progetto della Virginia. Gli uomini di Filadelfia sono i *framers* della Costituzione degli Stati Uniti. Fra i costituenti che diedero un contributo decisivo, va ricordato per primo il virginiano James Madison. A lui si devono anche i preziosi appunti che documentano tutti i lavori (che si svolsero in seduta segreta). Il passaggio fondamentale per il successo della Convenzione fu all'inizio di luglio il «grande compromesso», che risolse la disputa fra gli stati più grandi e gli stati più piccoli sulla composizione della rappresentanza parlamentare (superando il principio del voto per stati). La Convenzione proseguì speditamente con lo stesso spirito di compromesso e in due mesi concluse i lavori. Il 23 luglio venne costituito il Committee of Detail, formato da cinque delegati, per tradurre in un testo articolato le risoluzioni adottate. Il progetto presentato dal comitato venne discusso e votato nel mese di agosto. L'8 settembre venne costituito il Committee of Style, formato da altri cinque delegati, per il coordinamento finale del testo. Il 17 settembre 1787, ultima seduta della Convenzione, la Costituzione degli Stati Uniti venne firmata da tutti i membri presenti tranne tre – la prima firma quella di Washington, presidente e delegato della Virginia, e trentotto firme distinte per delegazioni statali – con la formula «fatta in Convenzione per unanime consenso degli stati presenti». La Costituzione venne quindi trasmessa al Congresso, il quale la inviò a ciascuno stato per sottoporla all'approvazione di una convenzione di delegati eletti dal popolo.

L'art. VII della Costituzione stabiliva che essa sarebbe entrata in vigore con la ratifica delle convenzioni di nove stati. Questo percorso fu tutt'altro che privo di ostacoli. Ratificò per primo il Delaware nel dicembre 1787 con voto unanime, poi la Pennsylvania (46 voti a 23), il New Jersey e la Georgia (all'unanimità), il Connecticut (128 a 40). In Massachusetts la partita fu molto combattuta: nel febbraio 1788 il voto a favore della Costituzione prevalse (187 a 168) soltanto dopo un accordo sulla proposta di una serie di modifiche costituzionali, una sorta di ratifica condizionata. Tutte le successive convenzioni statali, tranne quella del Maryland nell'aprile 1788 (63 voti a 11), accompagnarono la ratifica proponendo vari emendamenti. Nel maggio 1788 ratificò il Sud Carolina (149 a 73). Con la ratifica il 21 giugno 1788 del New Hampshire (57 a 46) il numero di nove stati era stato raggiunto. Mancavano però all'appello due stati molto importanti: Virginia e New York (si noti che la Virginia fu lo stato più popoloso fino al 1810, New York dal 1820 al 1960).

Sui giornali newyorkesi da alcuni mesi stavano comparendo articoli a sostegno della Costituzione firmati con lo pseudonimo Publius. Altrettanto intensa fu l'attività pubblicistica degli oppositori della Costituzione. Tutti gli articoli di Publius vennero raccolti nel volume *The Federalist* (1788): la maggior parte scritti da Alexander Hamilton, l'unico delegato di New York alla Convenzione presente al momento della firma, e da James Madison, autore dell'articolo più celebre, il n. 10, sulla forma repubblicana. *The Federalist* sarebbe diventato un classico di diritto costituzionale e di filosofia politica. In esso vennero sviluppati anche argomenti di filosofia morale. In uno dei passaggi più spesso citati (nel n. 51) Madison si chiedeva: «ma cos'è il governo stesso se non la più grande delle riflessioni sulla natura umana?». E continuava:

Se gli uomini fossero angeli, non ci sarebbe bisogno di alcun governo. Se gli angeli dovessero governare gli uomini, non sarebbero necessari controlli né esterni né interni sul governo. Nel delineare un governo che deve essere gestito dagli uomini sugli uomini, la grande difficoltà sta in questo. Bisogna innanzitutto mettere il governo nella condizione di controllare i governati; e, in secondo luogo, obbligarlo a controllare se stesso.

La Costituzione venne ratificata di stretta misura, il 25 giugno 1788 dalla Virginia (89 voti a 79), il 26 luglio 1788 dal New York (30 a 27). Nel settembre dello stesso anno il Congresso stabilì la data di elezione e convocazione dei nuovi organi costituzionali. Nel marzo-aprile 1789 a New York City si insediarono le due Camere del Congresso degli Stati Uniti (Camera dei rappresentanti e Senato) e il presidente degli Stati Uniti (eletto George Washington). La Corte Suprema degli Stati Uniti si riunì per la prima volta nel febbraio 1790.

Due dei tredici stati originari non avevano ancora ratificato la Costituzione dopo l'inizio della prima legislatura del Congresso e del primo mandato presidenziale: il Nord Carolina si aggiunse nel novembre 1789 (184 voti a 177), il Rhode Island nel maggio 1790 (34 a 32). Il primo dei nuovi stati ammessi nell'Unione fu il Vermont, che si era formato in un territorio conteso da New Hampshire e New York, proclamatosi indipendente nel 1777, il quale ratificò la Costituzione nel gennaio 1791.

4. *La frontiera dell'Ovest*

Da 14 gli stati erano diventati 48 nel 1912. Quali furono le tappe dell'espansione continentale degli Stati Uniti?

Con il trattato di pace del 1783 gli Stati Uniti avevano acquisito dalla Gran Bretagna il vasto territorio al di là dei monti Appalachi fino al Mississippi. Su di esso vantavano rivendicazioni diversi stati che vi rinunciarono a favore del governo federale. Il Congresso disciplinò la materia con la *Northwest Ordinance* del luglio 1787, riguardante la parte di territorio occidentale situata a nord del fiume Ohio. L'ordinanza stabilì i diritti degli abitanti del territorio, la forma di governo territoriale (con un governatore di nomina federale e un'assemblea eletta da almeno 5 mila maschi adulti) e il procedimento di formazione di nuovi stati (con un minimo di 60 mila abitanti), che si sarebbero dati un proprio ordinamento costituzionale e sarebbero stati ammessi nell'Unione «su un piede di parità con gli stati originari». La Costituzione del 1787 (art. IV sez. 3) attribuiva al Congresso la disciplina di tutte le questioni territoriali, prevedendo l'ammissione di nuovi stati con legge federale e la fusione di stati esistenti o il distacco da un altro stato, ma solo con il consenso delle assemblee legislative degli stati interessati (ad esempio, il Distretto del Maine all'interno del Massachusetts, che diventa nel 1820 Stato del Maine; le contee occidentali della Virginia, nel 1863 Stato della West Virginia).

Oltre gli Appalachi, i primi stati si costituirono nella parte di territorio a sud del fiume Ohio: nel 1792 entrò nell'Unione il Kentucky, il 15° stato, che era una contea della Virginia da cui si distaccò; nel 1796 il Tennessee, dopo sei anni di governo territoriale. Nel territorio nordoccidentale si costituirono cinque stati: Ohio (1803), Indiana (1816), Illinois (1818), Michigan (1837), Wisconsin (1848). Nel territorio sudoccidentale, al quale venne annessa una parte della Florida spagnola lungo il golfo del Messico, nacquero due stati: Mississippi (1817) e Alabama (1819).

Nel 1803 gli Stati Uniti firmarono con la Francia il Trattato di Acquisto della Louisiana. Gli americani accettarono l'offerta di Napoleone: 15 milioni di dollari in cambio non soltanto di Nouvelle Orléans, ma di tutti i possedimenti francesi nel cuore del continente. Essi comprendevano oltre 2 milioni di km^2 fra la riva occidentale del Mississippi e le Montagne Rocciose e fra il Canada britannico e il Nord America spagnolo, poi esplorati dalla spedizione Lewis & Clark che si spinse fino al Pacifico. La parte meridionale dell'Acquisto venne organizzata nel territorio di Orleans e diventò nel 1812 lo Stato della Louisiana. Nell'immensa distesa vennero costituiti dodici stati: Missouri (1821), Arkansas (1836), Iowa (1838), Minnesota (1858), Kansas (1861), Nebraska (1867), Colorado (1876), Nord Dakota, Sud Dakota e Montana (1889), Wyoming (1890), Oklahoma (1907).

Nel 1819 gli Stati Uniti firmarono con la Spagna un trattato per la cessione di tutta la Florida. La Florida fu il 27° stato nel 1845. L'avanzata della frontiera continuò sul resto del continente. La destinazione dei territori a nordovest dell'Acquisto del 1803, rivendicati sia dagli Stati Uniti sia dalla Gran Bretagna, venne definita dal Trattato dell'Oregon del 1846, estendendo la linea di confine anglo-americana già stabilita nella regione centrale. Si formarono tre stati: Oregon (1859), Washington (1889), Idaho (1890).

I territori a sudovest furono acquisiti dal Messico. Nel 1845 gli Stati Uniti procedettero all'annessione del Texas, che i pionieri americani avevano dichiarato repubblica indipendente nel 1836. Il Texas diventò così il 28° stato. Nel 1846 gli Stati Uniti dichiararono guerra al Messico. Il Trattato di Guadalupe Hidalgo del 1848 stabilì la cessione di 1,3 milioni di km^2, in quelli che diventarono gli stati di California (1850), Nevada (1864), Utah (1896) e, nei confini allargati dall'Acquisto di Gadsden del 1853, New Mexico e Arizona (1912).

Nel 1867 gli Stati Uniti acquistarono dalla Russia, per 7 milioni di dollari, l'Alaska; nel 1898 decisero l'annessione dell'ex regno delle Hawaii. Alaska e Hawaii diventarono nel 1959, rispettivamente, il 49° e il 50° stato.

5. *La questione della schiavitù*

Nella Costituzione degli Stati Uniti la parola «schiavitù» non compare, o meglio essa non compare nel testo del 1787 ma solo nel XIII emendamento che l'abolì. Degli schiavi però si parla in tre punti: a loro si riferisce il testo originario usando le espressioni «tutte le altre persone» (art. I sez. 2 c. 3), «quelle persone che si ritenga opportuno far entrare» (art. I sez. 9 c. 1), «le persone sottoposte a prestazioni di servizio o lavoro» (art. IV sez. 2 c. 3). Tali disposizioni furono il risultato di un compromesso che sarebbe stato diversamente interpretato. Per riprendere le posizioni di due leader neri abolizionisti del XIX secolo, William Lloyd Garrison sostenne che la Costituzione era «un patto con il diavolo»; Frederick Douglass sostenne che la Costituzione era «costruita apposta per non dare adito a pretese, né a legittimare pretese, di proprietà dell'uomo sull'uomo».

Nella prima di quelle disposizioni si trattava di decidere se, nel calcolare in base alla popolazione quanti seggi della Camera dei rappresentanti spettavano a ciascuno stato, gli schiavi dovessero essere inclusi o esclusi. Per l'esclusione erano i delegati contrari alla schiavitù, che intendevano penalizzare così gli stati schiavisti, mentre i delegati provenienti da questi ultimi la pensavano all'opposto, perché maggiore sarebbe stata la loro influenza politica rispetto agli stati liberi. Il compromesso fu di contare gli schiavi fino a una certa frazione: i tre quinti, formula ripresa da una proposta di modifica degli Articoli di Confederazione approvata dal Congresso nel 1783 sulla ripartizione delle quote finanziarie statali. Nella Costituzione essa venne infatti prevista per ripartire, oltre che i rappresentanti, le «tasse dirette».

La seconda disposizione riguardava il commercio internazionale degli schiavi, che non venne per il momento proibito. Gli stati liberi accettarono la richiesta degli stati schiavisti «attualmente esistenti», ma il Congresso avrebbe potuto imporre una tassa per ogni schiavo importato e, soprattutto, vietare ulteriori ingressi a partire dal 1808. Ed è quello che il Congresso puntualmente fece.

Più delicata era la terza disposizione, perché attuarla significava rendere gli stati liberi complici degli stati schiavisti. Si faceva obbligo a ogni stato di riconsegnare gli schiavi in fuga che vi avessero trovato rifugio, su richiesta della parte cui la prestazione di lavoro «fosse dovuta». Anche in questo caso si prendeva atto dell'esistenza della schiavitù in alcuni ordinamenti statali, «in base alle leggi di quegli stati». Le parole furono scelte attentamente per non dare alla schiavitù alcuna legittimazione costituzionale.

Che la Costituzione avesse evitato di chiamare le cose con il loro nome, del resto, non era soltanto una forma stilistica o un finto pudore da parte dei costituenti, alcuni dei quali erano proprietari di schiavi. La schiavitù venne considerata «un male che doveva essere tollerato, cui si doveva permettere di entrare nella Costituzione solo dalla porta di servizio» (Storing). Fu questa l'interpretazione sostenuta negli anni Cinquanta dell'Ottocento da Abraham Lincoln («una casa divisa in se stessa non può reggersi»), che venne poi eletto presidente degli Stati Uniti. Diversa fu invece l'interpretazione della Corte Suprema degli Stati Uniti la quale, nel caso *Dred Scott v. Sandford* del 1857, dichiarò: «il diritto di proprietà di uno schiavo è chiaramente ed espressamente affermato nella Costituzione». Quella decisione esasperò un conflitto fra il Nord e il Sud che i compromessi costituzionali avevano soltanto rimandato.

Sottintesa a quei compromessi, dal punto di vista degli antischiavisti, era la convinzione di avere il tempo dalla propria parte. In tutti gli stati del Nord era iniziato negli anni Ottanta del Settecento un processo di «graduale emancipazione» degli schiavi. L'ordinanza del 1787 (art. 6) aveva vietato la schiavitù nel territorio del Nordovest. Riguardo agli stati del Sud, invece, non sussistevano elementi per dire che la schiavitù fosse in via di estinzione. Lo sviluppo dell'economia, con il fiorire delle piantagioni di cotone (c.d. *Cotton Kingdom*), ne favorì anzi l'ulteriore diffusione e radicamento. Non solo era la base del sistema produttivo, ma si diffuse una cultura favorevole alla schiavitù, da difendere come «istituzione peculiare» del Sud.

L'espansione continentale degli Stati Uniti nel XIX secolo pose la questione della espansione o limitazione della schiavitù nei nuovi ordinamenti territoriali e statali. Il dibattito si riaprì improvvisamente con la richiesta di adesione del Missouri, che faceva parte dell'Acquisto del 1803. Il compromesso del 1820 sembrò una soluzione di lungo periodo. Oltre a risolvere il problema contingente (ammissione del Missouri come stato schiavista, bilanciata dall'ammissione di un nuovo stato libero, il Maine, cosicché l'equilibrio complessivo rimase immutato: dodici da una parte, dodici dall'altra), si stabilì una norma valida per l'intero territorio ceduto dalla Francia. Il compromesso fu di dividerlo in due: nella parte a nord della latitudine 36°30', con l'eccezione di quella compresa entro i confini del Missouri, la schiavitù era proibita.

La questione venne riaperta con l'acquisizione dei territori messicani e si raggiunse un ulteriore compromesso. Il conflitto regionale degli anni Cinquanta ebbe tre passaggi fondamentali. Il primo fu il compromesso del 1850. La California entrò immediatamente nell'Unione come stato libero (gli stati schiavisti adesso erano quindici su trentuno). Vennero costituiti due territori, Utah e New Mexico, prevedendo il loro futuro ingresso come stati «con o senza schiavitù, così come la loro costituzione prevederà al momento dell'ammissione». Venne inoltre abolito il commercio di schiavi nel Distretto di Columbia e approvata una nuova legge federale sugli schiavi fuggitivi (*Fugitive Slave Act* del 1850, che sostituì quella più permissiva del 1793). Il secondo passaggio fu la legge del 1854 che istituì due nuovi territori nella parte ancora non organizzata dell'Acquisto della Louisiana, ma inserendo la clausola «con o senza schiavitù» (*Kansas-Nebraska Act*). Venne cioè abbandonato il compromesso del Missouri, trattandosi di territori a nord del confine stabilito nel 1820. Se il Congresso si era dimostrato incapace di scelte chiare e nette, l'intervento della Corte Suprema peggiorò la situazione. La sentenza del 1857 sulla schiavitù conteneva, in particolare, due affermazioni: le persone di razza nera «secondo la Costituzione non sono, non debbono essere, e non si intendeva che fossero, cittadini»; limitare la schiavitù nei territori come aveva fatto il compromesso del 1820 non è costituzionalmente legittimo. In poche parole, la Corte accolse il punto di vista del Sud.

6. *Guerra civile e Ricostruzione*

Il passaggio successivo fu l'elezione nel novembre 1860 di Lincoln, il candidato presidenziale del partito repubblicano, mentre il partito democratico si presentò con due candidati, l'uno rappresentativo del Nord e l'altro del Sud. I repubblicani si erano presentati per la prima volta quattro anni prima: punto essenziale del loro programma, il «diritto e imperativo dovere» del Congresso di proibire la schiavitù nei territori. Dopo la pronuncia della Corte Suprema i repubblicani la denunciarono come una «pericolosa eresia politica». Il risultato elettorale rispecchiò la divisione per aree geografiche. Gli stati schiavisti risposero all'elezione di un presidente espresso esclusivamente dal voto degli stati liberi (diventati diciotto su trentatre) dichiarando la secessione. La scelta secessionista fu compiuta per primo dal Sud Carolina nel dicembre 1860 e, all'inizio del 1861, da sei stati del profondo Sud (Mississippi, Florida, Alabama, Georgia, Louisiana, Texas). Questi si unirono quindi in confederazione, gli Stati Confederati d'America, i quali si diedero nel marzo 1861 una costituzione ricalcata sul modello di quella degli Stati Uniti. Alcune differenze saltavano però agli occhi, partendo dal preambolo secondo il quale ogni stato agiva «nella propria sovranità e indipendenza». Oltre ad alcune varianti istituzionali, la differenza fondamentale era l'esplicito riconoscimento della schiavitù. Le parole *slavery* o *slave* comparivano dieci volte. Il Congresso degli Stati Uniti reagì discutendo alcuni emendamenti alla Costituzione, e approvandone uno che avrebbe impedito revisioni costituzionali volte a «vietare o interferire» sulle istituzioni interne degli stati, schiavi compresi.

È stato scritto che «senza la schiavitù non ci sarebbe stata la secessione, senza la secessione non ci sarebbe stata la guerra» (Mitchell). Il Sud difese la secessione, identificata con la difesa della schiavitù, in nome di un «diritto alla secessione». Il Nord affrontò il conflitto ponendosi l'obiettivo di salvare l'Unione, in nome della indivisibilità della nazione. Come disse Lincoln, «fisicamente parlando, noi non possiamo separarci». Era la stessa posizione sostenuta dal presidente Andrew Jackson nel 1832 davanti alla minaccia secessionista del Sud Carolina (c.d. *nullification crisis* sulle tariffe protezionistiche). La Corte Suprema avrebbe poi parlato, in una sentenza del 1868, di secessione giuridicamente «del tutto nulla».

Furono i confederati a sparare il primo colpo, contro la guarnigione dell'esercito degli Stati Uniti nel porto di Charleston in Sud Carolina. Dopo la resa di Fort Sumter nell'aprile 1861, anche gli stati dell'alto Sud decisero di secedere e unirsi alla Confederazione: Virginia, Tennessee, Arkansas, Nord Carolina. La Confederazione fu dunque composta da undici stati (anche se la sua bandiera con la croce diagonale blu esibiva tredici stelle, aggiungendo Missouri e Kentucky nei quali la fazione secessionista aveva formato un suo governo). Nell'Unione (ventitre stati, divenuti venticinque nel corso della guerra) rimasero gli stati schiavisti di confine: Missouri, Kentucky, Delaware, Maryland. Come sintetizzò Lincoln, di fronte all'alternativa messa in atto dai secessionisti, «immediata dissoluzione o sangue», non rimaneva altra scelta al governo degli Stati Uniti che «resistere alla forza usata per distruggerli con la forza diretta a salvarli». Non fu quella guerra breve che molti avevano immaginato, bensì una guerra totale, durata quattro anni, con oltre 600 mila caduti.

Nell'evolversi del conflitto la liberazione degli schiavi diventò funzionale all'obiettivo perseguito dall'Unione di ricostituire l'integrità nazionale. Il processo avvenne per gradi, per il timore di ripercussioni rispetto alla situazione particolare degli stati di confine, schiavisti e unionisti. Lincoln sosteneva una politica di «compensazione» dei proprietari di schiavi ed era favorevole ai progetti di «colonizzazione», cioè il rimpatrio dei neri americani in Africa (questo il contenuto della proposta di emendamento costituzionale da lui presentata nel 1862). Il presidente smentì quei comandanti militari che autonomamente avevano assunto misure immediate di emancipazione. La legge dell'aprile 1862 che abolì la schiavitù nel Distretto di Columbia prevedeva comunque forme di indennizzo. Del giugno 1862 è la legge che la vietò in tutti i territori. Il *Confiscation Act* del luglio 1862 dichiarò gli schiavi fuggiti o catturati dietro le linee nemiche «per sempre liberi e mai più schiavi». Dopo la battaglia di Antietam (settembre 1862) Lincoln annunciò di essere pronto a un passo importante: l'*Emancipation Proclamation*, un proclama militare emanato dal presidente in veste di comandante in capo. Entrato in vigore il 1° gennaio 1863, esso dichiarò «per sempre liberi» gli schiavi negli stati nei quali la ribellione era in corso. Non tutti gli schiavi vennero quindi emancipati (non quelli negli stati ribelli sotto il controllo delle forze unioniste).

Il 19 novembre 1863 Lincoln tenne un breve discorso all'inaugurazione del cimitero di Gettysburg, luogo, qualche mese prima, di una carneficina. Il *Gettysburg Address* è uno dei documenti fondamentali degli Stati Uniti, un capolavoro di concisione ed eloquenza. Fu la riaffermazione dei principi della Dichiarazione di indipendenza, «una nuova nazione concepita nella libertà e votata al principio che tutti gli uomini sono creati uguali», conclusa con la solenne promessa che «l'idea di un governo del popolo, dal popolo, per il popolo (*government of the people, by the people, for the people*) non abbia a scomparire dalla terra».

Nel novembre 1864 Lincoln venne rieletto presidente con una piattaforma che chiedeva di «proseguire la guerra con il massimo sforzo possibile fino alla completa soppressione della rivolta» e di «estirpare completamente la schiavitù». I repubblicani proposero un emendamento costituzionale per cancellare il peccato originale degli Stati Uniti. Il Congresso lo approvò nel gennaio 1865. Il 9 aprile 1865 l'esercito confederato di Robert Lee si arrese al generale dell'armata unionista Ulysses Grant (resa di Appomattox). Sei giorni dopo Lincoln venne assassinato al Ford's Theater di Washington da un attore sudista.

Il periodo della Ricostruzione (1865-77) iniziò così con un nuovo presidente. Andrew Johnson, il vice scelto da Lincoln per l'elezione del 1864, era un esponente democratico del Tennessee, unico fra i membri del Congresso eletti negli stati secessionisti ad essere rimasto al suo posto. Il Congresso a maggioranza repubblicana si scontrò duramente con Johnson sui termini della reintegrazione nell'Unione degli ex stati confederati. Dopo l'emendamento contro la schiavitù, che venne ratificato molto rapidamente, il Congresso ne approvò un altro nel giugno 1866 per garantire i diritti civili e politici degli ex schiavi. Il *Military Reconstruction Act* del marzo 1867 definì il quadro della Ricostruzione. Gli stati del Sud, tranne il Tennessee che avendo subito ratificato l'emendamento venne riammesso nell'Unione nello stesso anno, furono assegnati a cinque distretti militari e sottoposti a regime di occupazione (il generale a capo di ogni distretto era l'autorità suprema). Si stabilì un procedimento per la loro riammissione, con propri rappresentanti e senatori nel Congresso, che prevedeva l'adozione di una costituzione statale «in conformità con la Costituzione degli Stati Uniti sotto ogni aspetto» e la ratifica dell'emendamento approvato nel 1866. Nel 1868 vennero riammessi sei stati, nel 1870 gli altri quattro. Le ultime truppe federali presenti nel Sud vennero ritirate nel 1877.

La guerra, con la sconfitta dei confederati, aveva affrancato i neri dalla schiavitù, ma non li liberò dall'oppressione. Nel Sud l'ideologia della supremazia bianca sostituì l'ideologia schiavista. Nonostante gli emendamenti costituzionali (nel 1870 venne ratificato quello per garantire il diritto di voto dei neri), la battaglia contro la discriminazione razziale era solo all'inizio e sarebbe proseguita per oltre un secolo.

CAPITOLO TERZO

LA COSTITUZIONE DEGLI STATI UNITI

1. *Un ordinamento costituzionale senza tempo*

Visitando gli Archivi nazionali a Washington tutti possono ammirare, esposto nella Rotunda for the Charters of Freedom, il manoscritto originale in quattro pagine. Alla Costituzione è oggi dedicato un museo, il National Constitution Center. Inaugurato nel 2003 in un nuovo edificio modernista sull'Independence Mall a Filadelfia, ha subito acquisito grande prestigio, un milione di visitatori all'anno, grazie a mostre, conferenze, lezioni, dibattiti su temi di storia e attualità costituzionale. Oggetto di ammirazione, oggetto venerato, la Costituzione degli Stati Uniti è la più antica costituzione scritta del mondo. Dicendo ciò si pensa a due cose: al primo esempio moderno di carta costituzionale, da cui prese origine il movimento costituzionalista che poi si propagò nel continente europeo; alla longevità di una carta che ha attraversato svariate epoche e riesce a mantenersi vitale.

La Costituzione sostituì gli Articoli di Confederazione, che possono essere considerati una via di mezzo fra un documento costituzionale e un trattato internazionale. La carta del 1787 era stata preceduta dalle costituzioni che i singoli stati dell'Unione si erano dati negli anni della Rivoluzione. In effetti, esiste una costituzione vigente ancora più antica, ed è proprio quella di uno degli stati originari, il Massachusetts, la quale risale al 1780. La storia delle costituzioni statali presenta tuttavia caratteri che la distinguono dalla storia della Costituzione USA: testi costituzionali molto lunghi, sottoposti nel corso del tempo a molteplici modifiche e spesso sostituiti interamente da nuovi testi, negli ordinamenti statali; un modello ineguagliato di continuità e stabilità, l'ordinamento costituzionale degli Stati Uniti.

La Costituzione ha festeggiato il primo centenario e il secondo centenario. Essa ha compiuto tutto il suo percorso rimanendo quasi intatta. Se si considera che i primi dieci emendamenti alla Costituzione furono approvati subito dopo la sua entrata in vigore e altri due nel quindicennio successivo, cui seguirono i c.d. emendamenti della Guerra civile, da allora, ed è passato quasi un secolo e mezzo, sono state apportate soltanto dodici modifiche. La stessa rottura provocata dalla guerra di secessione venne ricomposta dentro il quadro legale della Costituzione, emendata in tre interventi successivi volti a rimuovere definitivamente la causa che aveva scatenato il sanguinoso conflitto.

Il giudice John Marshall, a capo della Corte Suprema degli Stati Uniti dal 1801 al 1835, affermò che la Costituzione è uno strumento «destinato a durare per i tempi a venire e, conseguentemente, a essere adattato alle varie crisi delle vicende umane». Il giudice Joseph Story, autore dei *Commentaries on the Constitution of the United States* (1833), definì le costituzioni «strumenti di natura pratica, basati sulle comuni vicende della vita umana, adeguati ai bisogni comuni, pensati per l'uso comune e tali da essere compresi da tutti». I costituenti furono certo ispirati da teorie filosofico-politiche (l'idea stessa di costituzione come sistema di limiti al potere, da cui partivano), ma più di ogni altra cosa furono guidati dall'esperienza.

I costituenti si dimostrarono molto attenti alla materia costituzionale e al linguaggio costituzionale. Come spiegò sempre Marshall, una costituzione è concepita intorno a «importanti oggetti», per «grandi linee», senza dilungarsi su «ingredienti minori». Una costituzione che scendesse troppo nei dettagli, particolareggiata come un codice di leggi, «difficilmente potrebbe essere abbracciata dalla mente umana, probabilmente non verrebbe mai compresa». Queste considerazioni si trovano in una delle sue decisioni più famose (*McCulloch v. Maryland* del 1819) sull'interpretazione della «clausola elastica» per antonomasia della Costituzione, la norma che attribuisce al Congresso il potere di fare «tutte le leggi necessarie e opportune» (art. I sez. 8 c. 18).

Altro esempio classico di norma indeterminata e aperta è quella che prevede il *due process of law* (emendamenti V e XIV), una formula che non per nulla si preferisce in genere non tradurre. Nessuna traduzione, «giusto procedimento», «procedura legittima» e simili, riesce a coglierne tutte le sfumature.

Ne discende dunque il carattere di costituzione breve: un testo che definisce l'assetto e distribuzione dei poteri in senso orizzontale e verticale (il *Frame of Government*) e, dopo gli emendamenti del 1791, il catalogo dei diritti individuali (il *Bill of Rights*).

2. *Il testo costituzionale del 1787*

Ecco uno schema di sintesi della Costituzione. Il testo del 1787 si compone di un preambolo e sette articoli.

Il preambolo, con il celeberrimo incipit – «Noi, Popolo degli Stati Uniti» –, riassume in cinquantadue parole i fini generali della Costituzione: una «più perfetta unione»; la «giustizia»; la «tranquillità interna»; la «difesa comune»; il «benessere generale»; le «benedizioni della libertà per noi e la nostra posterità».

I primi tre articoli riassumono visivamente il principio di separazione dei poteri. Trattano, in ordine non casuale, del potere legislativo, del potere esecutivo e del potere giudiziario. I costituenti ordinarono gli articoli secondo la «grandezza» riconosciuta a ciascuno dei tre poteri.

L'art. I è il più lungo, diviso in dieci sezioni a loro volta suddivise in numerosi commi o paragrafi. La sez. 1 istituisce un parlamento bicamerale, il Congresso degli Stati Uniti. Le sezz. 2 e 3 definiscono composizione della Camera dei rappresentanti e del Senato degli Stati Uniti, scelta dei rappresentanti e senatori, durata in carica, requisiti dell'elettorato attivo e passivo, copertura dei seggi vacanti, presidenza delle Camere, rispettivi poteri nella procedura di messa in stato di accusa. La sez. 4 definisce la competenza legislativa in materia di elezioni congressuali e fissa la data in cui il Congresso si riunisce di diritto ogni anno. La sez. 5 contiene varie norme di diritto parlamentare. La sez. 6 riguarda indennità, immunità e incompatibilità dei membri delle Camere. La sez. 7 è dedicata al procedimento di formazione delle leggi. La sez. 8 elenca in diciotto punti le attribuzioni legislative del Congresso, con i limiti di cui alla sez. 7. La sez. 8 sottrae varie attribuzioni agli stati.

Al secondo posto collocarono l'articolo sul potere esecutivo, diviso in quattro sezioni piuttosto dense. La sez. 1 istituisce la carica di presidente degli Stati Uniti. Sono qui definiti durata del mandato, modalità di elezione insieme a un vice presidente, competenza legislativa in materia di elezioni presidenziali, funzionamento del collegio dei grandi elettori, elettorato passivo, successione, assegno, nonché il testo del giuramento che il presidente presta prima di entrare in carica. Nelle sezz. 2 e 3 sono elencate le attribuzioni presidenziali. La sez. 4 prevede le ipotesi di reato per la messa in stato di accusa del presidente.

L'art. III è il più succinto, diviso in tre sezioni di pochi commi. La sez. 1 istituisce la Corte Suprema degli Stati Uniti, rinvia alla legge l'istituzione di tribunali di grado inferiore, definisce durata in carica e retribuzione dei giudici. La sez. 2 elenca «casi e controversie» di competenza delle corti federali. La sez. 3 definisce il reato di tradimento.

Dei restanti quattro articoli, l'art. IV disciplina gli obblighi statali reciproci (sez. 1: riconoscimento di atti; sez. 2: cittadinanza statale, estradizione), l'ammissione di nuovi stati nell'Unione (sez. 3), i doveri del governo federale nei confronti di ciascuno stato (sez. 4: garanzia della forma repubblicana di governo, protezione da invasioni e disordini interni). Dall'art. V discende il carattere rigido della Costituzione: il procedimento per modificarla è notevolmente aggravato. L'art. VI, oltre all'assunzione di tutti gli impegni pregressi (sez. 1), afferma il principio della supremazia del diritto federale sul diritto statale e il principio di necessaria applicazione da parte dei giudici di ogni stato, in caso di contrasto con norme statali sia costituzionali sia legislative, delle superiori norme di fonte federale (sez. 2). La sez. 3 impone il giuramento di «difendere questa Costituzione» a chiunque ricopra cariche legislative, esecutive e giudiziarie sia federali sia statali. La stessa sezione prevede che «nessuna professione di fede religiosa» possa costituire condizione per accedere agli uffici pubblici. Queste disposizioni sono poste significativamente a conclusione del documento, salvo l'ultimo articolo, il VII, recante la clausola di entrata in vigore della Costituzione.

3. *Il procedimento di revisione*

Nella sua storia più che bicentenaria la Costituzione è stata modificata soltanto in diciassette occasioni, fra il 1791 e il 1992. Nel complesso sono stati introdotti 27 emendamenti. La spiegazione sta nel procedimento di revisione dell'art. V. Gli aggravamenti procedurali previsti rispondevano a un preciso intendimento: senza rendere la revisione impossibile, riservarla per «talune grandi e straordinarie occasioni» (*Federalist* n. 49).

La funzione di revisione costituzionale è attribuita al Congresso, ma il procedimento accoglie il principio federale, cosicché i singoli stati hanno un ruolo imprescindibile. Il procedimento si divide in due fasi: 1) l'approvazione della proposta di emendamento da parte di ciascuna camera; 2) la ratifica della proposta approvata da parte degli stati. È necessaria una maggioranza qualificata molto ampia nel Congresso (voto favorevole di due terzi della Camera e del Senato: due terzi dei voti, non dei componenti) e un consenso ancora più vasto diffuso sul territorio (voto favorevole di tre quarti dei parlamenti statali: oggi 38 su 50). L'art. V prevede in alternativa: 1) una convenzione nazionale convocata dal Congresso su richiesta di due terzi dei parlamenti statali per proporre emendamenti; 2) convenzioni statali appositamente elette per ratificare le proposte di emendamento approvate dal Congresso o dalla convenzione nazionale. Tuttavia, mai si è avuta la richiesta di convenzione nazionale, mentre il metodo della ratifica attraverso convenzioni statali è stato utilizzato per un solo emendamento (il XXI). È il Congresso che, quando approva un emendamento e lo trasmette agli stati, determina quale tra le due modalità di ratifica dovrà essere seguita.

Gli emendamenti portano la data della loro ratifica finale. Essi non si inseriscono nel corpo originario della Costituzione, ma vengono elencati di seguito dopo l'ultimo articolo e le attestazioni finali. Alcuni emendamenti rispetto al testo del 1787, o anche rispetto a disposizioni in emendamenti antecedenti, hanno natura aggiuntiva o integrativa, altri modificativa o sostitutiva. Un emendamento è stato abrogato da un successivo emendamento (il XVIII dal XXI). Quando si legge la Costituzione originaria bisogna dunque tenere presente che vi sono parti che risultano superate, da leggere coordinandole con gli emendamenti a esse relative (ad esempio, quelle nell'art. I sull'elezione del Senato e nell'art. II sull'elezione del presidente).

4. *Gli emendamenti alla Costituzione*

I primi emendamenti furono approvati dal 1° Congresso nel 1789. Le proposte formulate da James Madison raccolsero i suggerimenti avanzati da diverse convenzioni statali al momento della ratifica della Costituzione, in particolare il desiderio di integrare il testo costituzionale con una dichiarazione dei diritti. Le ratifiche del prescritto numero di stati furono completate nel 1791 su dieci dei dodici emendamenti proposti, i quali formano tutti insieme il *Bill of Rights*.

Gli emendamenti dall'I all'VIII elencano specifici diritti (libertà di religione, di parola e di stampa ecc.). Gli emendamenti IX e X contengono disposizioni generali relative alla tutela di «altri diritti» dei cittadini (la Costituzione non poteva richiamarli tutti) e alla tutela dei «poteri riservati» degli stati (l'elencazione dei diritti serviva a limitare l'azione del governo federale). I due emendamenti non ratificati trattavano materie estranee: il numero dei rappresentanti alla Camera in rapporto al numero degli abitanti e l'indennità parlamentare. Il primo sarebbe finito nel dimenticatoio. Il secondo sarebbe rimasto nel limbo per due secoli, per essere poi improvvisamente riscoperto ed entrare a far parte della Costituzione, appunto senza soluzione di continuità duecento anni dopo, ed è oggi l'em. XXVII.

Agli emendamenti del *Bill of Rights* seguirono: l'XI em. (1795) che, superando un'opposta interpretazione della Corte Suprema, limitò la competenza del potere giudiziario federale in base al c.d. principio di immunità sovrana degli stati; il XII em. (1804) che, in vista della successiva elezione presidenziale, corresse i difetti di funzionamento del collegio dei grandi elettori. Questi due emendamenti risalgono ancora alla generazione dei Padri fondatori. Nei successivi sessant'anni non venne approvato alcun emendamento.

L'urgenza di modificare la Costituzione si ripresentò con la fine della Guerra civile. Tre sono gli emendamenti degli anni della Ricostruzione: ratificato nel 1865, il XIII (abolizione della schiavitù); ratificato nel 1868, il XIV (cittadinanza degli Stati Uniti, tutela dei diritti della persona, principio di eguaglianza); ratificato nel 1870, il XV (diritto di voto ai neri). Il XIV em. rappresenta un cambiamento strutturale all'interno del sistema costituzionale (l'emendamento serviva a limitare l'azione degli stati). Anche se all'inizio ridimensionato dalla giurisprudenza della Corte Suprema, sarebbe diventato uno dei parametri di costituzionalità più utilizzati, soprattutto in virtù del *due process of law*, con conseguenze di amplissima portata ai fini della protezione dei diritti fondamentali.

Non ci furono altre modifiche per altri quarantatre anni. All'era progressista appartengono quattro emendamenti: il XVI del 1913 (imposta federale sui redditi), il XVII dello stesso anno (elezione diretta del Senato), il XVIII del 1919 (proibizione nazionale delle bevande alcoliche), il XIX del 1920 (diritto di voto alle donne). Negli anni Trenta le grandi trasformazioni del New Deal, comunemente definito una rivoluzione costituzionale, non toccarono il testo della Costituzione. Degli unici due emendamenti del periodo della Grande Depressione, entrambi ratificati nel 1933, il XX è il c.d. emendamento dell'anatra zoppa (*lame-duck*), che accorciò il passaggio fra elezione e inizio del mandato presidenziale e modificò il calendario delle sessioni congressuali; il XXI mise fine al proibizionismo sull'alcol.

Nella seconda metà del secolo sono stati approvati e ratificati cinque emendamenti: il XXII nel 1951 (limite al numero di mandati presidenziali), il XXIII nel 1961 (elezione dei grandi elettori presidenziali nel Distretto di Columbia), il XXIV nel 1964 (abolizione delle tasse elettorali), il XXV nel 1967 (disciplina della successione e dell'impedimento presidenziale), il XXVI nel 1971 (diritto di voto ai diciottenni). Senza considerare il successivo emendamento, quello dal 1971 è il terzo periodo più lungo nella storia senza che siano intervenute modifiche costituzionali.

L'emendamento più recente, il XXVII, è anche il più antico. Le ricorrenti polemiche ogni volta che il Congresso decide di aumentare l'indennità dei suoi membri portarono, tra fine anni Settanta e inizio Novanta, a una reviviscenza della proposta del 1789 (applicazione degli aumenti a partire dalla legislatura successiva). Più di trenta stati aggiunsero la loro ratifica a quelle registrate due secoli prima e nel 1992 l'emendamento venne considerato valido a tutti gli effetti come parte della Costituzione. All'epoca il Congresso nell'approvare un emendamento non indicava un termine entro il quale completare il processo di ratifica, come è invece diventata prassi per quelli a partire dal XVIII (scadenza di 7 anni).

Pochissime sono le proposte approvate dal Congresso poi fallite per mancata ratifica. Tre sono molto remote: la citata proposta del 1789, una del 1810 sui titoli nobiliari, quella del 1861 sulla schiavitù. Un'altra risale al 1924 sul lavoro minorile. Le due più recenti sono: la proposta del 1971 nota come *Equal Rights Amendment* sulla parità fra i sessi, che si fermò a trentacinque stati; quella del 1978 sulla rappresentanza congressuale del Distretto di Columbia, accolta da appena sedici stati.

Negli anni Ottanta-Novanta si discusse molto se introdurre il principio del pareggio di bilancio, ma alla fine la proposta non passò. Nel 2004 e 2006 una proposta sulla tutela del matrimonio come unione di un uomo e una donna, sostenuta anche dal presidente George W. Bush, è rimasta ben al di sotto della maggioranza dei due terzi. Negli anni Duemila soltanto una proposta ha superato il voto in almeno una camera: quella per rendere possibile il divieto di recare offesa alla bandiera (*Flag Desecration Amendment*).

5. *Il «judicial review»: un modello di giustizia costituzionale*

Marbury v. Madison è forse la più celebre sentenza della Corte Suprema degli Stati Uniti. La storica decisione del 1803 rappresenta infatti una pietra miliare del costituzionalismo americano, e del moderno costituzionalismo in generale. Essa aggiunse un tassello fondamentale all'edificio costituzionale. Non esplicitato nella Costituzione del 1787, si trattava del c.d. *judicial review of legislation*, il controllo giurisdizionale di costituzionalità delle leggi.

Anche se la Costituzione non aveva previsto esplicitamente il sindacato di costituzionalità, come avrebbero fatto le costituzioni europee del Novecento istitutive dei tribunali costituzionali, al tempo della Convenzione e dei dibattiti sulla ratifica il *judicial review* era generalmente assunto come elemento connaturato al disegno costituente. Il saggio del *Federalist* de-

dicato al potere giudiziario, il n. 78 scritto da Hamilton, ne tratta quasi incidentalmente, definendola «una dottrina di grande importanza in tutte le costituzioni americane», in risposta ad argomentazioni polemiche contenute nei saggi antifederalisti. Secondo Hamilton, la Costituzione è garantita «in pratica in nessun altro modo che per mezzo delle corti di giustizia, il cui compito deve essere quello di dichiarare nulli gli atti contrari alla lettera della Costituzione». Il ragionamento di Hamilton partiva da una semplice premessa e giungeva a una semplice conclusione: l'interpretazione delle leggi «è competenza propria e peculiare dei tribunali»; la Costituzione «è, e deve essere considerata dai giudici, una legge fondamentale»; ai giudici spetta quindi stabilire il significato delle norme costituzionali e di quelle legislative, e in caso di contrasto fra le due far prevalere naturalmente la Costituzione alla legge ordinaria, «l'intenzione del popolo all'intenzione dei suoi rappresentanti». Le considerazioni di Hamilton vennero riprese per filo e per segno, seguendo lo stesso schema logico, dal giudice Marshall nella sentenza *Marbury*.

Il controllo di costituzionalità, dunque, apparteneva sin dalle origini al patrimonio costituzionale d'oltreoceano. I giudici statali disponevano del potere di *judicial review*, e lo esercitavano nell'ambito delle leggi e costituzioni dei rispettivi stati. Prima che la sentenza *Marbury* lo affermasse a chiare lettere, la Corte Suprema si era già espressa sulla validità di leggi del Congresso alla luce della Costituzione. In *Marbury v. Madison* i giudici supremi dichiararono per la prima volta incostituzionale una disposizione di legge federale.

6. «*Marbury v. Madison*»

William Marbury era stato nominato giudice di pace dal presidente John Adams, insieme ad altre nomine dell'ultima ora prima del passaggio di consegne dall'amministrazione federalista all'amministrazione jeffersoniana nel 1801. James Madison, segretario di Stato del nuovo presidente Jefferson, si era rifiutato di notificare le nomine lasciate sul tavolo dal suo predecessore: fra queste quella di Marbury, che quindi non assunse la carica. John Marshall era il presidente della Corte Suprema, nominato dallo stesso Adams di cui era stato segretario di Stato. Marbury aveva chiesto alla Corte di emettere un «writ of mandamus», un'ordinanza per obbligare Madison ad adempiere ai doveri d'ufficio. La decisione della Corte dimostrò l'abilità di Marshall di fronte a un dilemma di non facile soluzione. La sua preoccupazione principale fu di difendere l'autorità della Corte Suprema, un'istituzione che stava ancora muovendo i primi passi, e di legittimare con forza un principio, appunto il potere di *judicial review*.

La decisione è un gioco d'equilibrio. Marshall diede nei fatti ragione a Marbury, affermando che la carica spettava a lui e che il corretto rimedio giudiziario era quello da lui chiesto. In diritto affermò però di non poter fare nulla: l'ordinanza non poteva essere emessa perché Marbury si era rivolto al giudice sbagliato. Il problema non era nel tipo di ricorso, ma nella legge che consentiva di proporlo in via diretta alla Corte Suprema. Per arrivare a tali conclusioni Marshall dovette dichiarare parzialmente incostituzionale una legge del Congresso, esattamente la sez. 13 dell'ordinamento giudiziario federale (*Judiciary Act* del 1789), ritenuta in contrasto con l'art. III sez. 2 c. 2 della Costituzione.

Marshall applicò un semplice ragionamento sillogistico. Premessa maggiore: una legge contraria alla Costituzione è nulla e invalida. Premessa minore: la legge in questione è contraria alla Costituzione. Conclusione: la legge in questione è nulla e invalida. Marshall si espresse con parole elementari: appartiene alla competenza degli organi giudiziari «affermare ciò che la legge è» (*to say what the law is*); la Costituzione è «una legge superiore, immodificabile per via ordinaria»; se ciò non fosse vero, «allora le costituzioni scritte sarebbero tentativi assurdi da parte del popolo di limitare un potere per sua natura illimitato»; un atto legislativo contrario alla Costituzione «non è legge»; tale principio «è essenzialmente collegato a una costituzione scritta ed è considerato da questa Corte uno dei principi fondamentali della nostra società».

La teoria generale era confermata e rafforzata da specifiche disposizioni costituzionali. Innanzitutto, l'art. III sez. 2 c. 1: al potere giudiziario è attribuita competenza su «tutti i casi fondati su questa Costituzione». Marshall richiamò inoltre il giuramento di difendere la Costituzione richiesto ai giudici dall'art. VI sez. 3, nonché la *Supremacy Clause* della sez. 2 dello stesso articolo, traendo da essa una gerarchia delle fonti del diritto federale che la Costituzione definisce nell'insieme «la legge suprema del paese» (*the supreme law of the land*, secondo l'ordine: Costituzione, leggi, trattati). La *Supremacy Clause* forniva un fondamento più immediato per l'esercizio del sindacato di costituzionalità nei confronti della legislazione dei singoli stati, riconosciuto espressamente anche dall'ordinamento giudiziario del 1789. La Corte Suprema invalidò per la prima volta un atto legislativo statale nel 1810 (per violazione di uno dei divieti dell'art. I sez. 10, c. 1: «leggi che indeboliscano gli effetti obbligatori dei contratti»).

Negli anni successivi numerose leggi statali vennero dichiarate incostituzionali. Dopo il caso *Marbury* nessun'altra legge federale venne dichiarata incostituzionale fino al 1857. In poco più di due secoli la Corte Suprema ha giudicato incostituzionali, in tutto o in parte, 159 atti del Congresso e ha invalidato 939 atti statali (dato 2004).

7. *Qualche nota sulle fonti del diritto federale*

Oggetto del *judicial review* non sono soltanto le leggi federali e statali, ma qualsiasi atto normativo e provvedimento a qualsiasi livello di governo. Le decisioni dei giudici costituiscono fonti del diritto in senso autoritativo. La natura di fonte del diritto oggettivo dei casi giurisprudenziali appartiene alla tradizione della *common law* anglosassone, fondata sul precedente e sul principio di *stare decisis* che attribuisce a esso valore vincolante. Il ricorso ai precedenti è il metodo primario di argomentazione giuridica. Se si legge una qualunque sentenza di un giudice americano, la citazione e l'analisi dei precedenti sono sempre una parte centrale delle considerazioni in diritto: perché certi precedenti si applicano allo stesso caso che il giudice sta decidendo; perché, viceversa, essi si distinguono dal caso in questione.

Il controllo di costituzionalità secondo il modello statunitense è diffuso. Ciascun giudice è competente a sindacare se una legge è contraria alla Costituzione ed eventualmente a disapplicare la norma incostituzionale. Le pronunce dei giudici di primo grado e di appello hanno efficacia nell'ambito territoriale delle rispettive giurisdizioni. Le pronunce della Corte Suprema degli Stati Uniti, arbitro di ultima istanza della costituzionalità, vincolano i tribunali di ogni ordine e grado.

La Corte Suprema non si considera invece vincolata alle sue precedenti decisioni. Accade non infrequentemente che la Corte se ne discosti, abbandoni i passati orientamenti riconoscendo che erano sbagliati o che sono ormai superati. Compie cioè un'operazione che tecnicamente è definita di *overruling*, con espunzione dalla giurisprudenza di un precedente che fino a quel momento era stato considerato imperativo. Di casi di *overruling* ne sono stati contati in tutta la storia più di duecento. Come hanno scritto i giudici supremi, «la dottrina dello *stare decisis* è essenziale al rispetto delle pronunce della Corte e alla certezza del diritto. Non è tuttavia un comando inesorabile». In altre parole, la giurisprudenza non è immutabile e può essere completamente ribaltata. L'opinione oggi di una minoranza di giudici può diventare l'opinione domani maggioritaria all'interno della Corte. Anche a questo serve rendere pubbliche le opinioni dissenzienti.

Quando la Corte Suprema si pronuncia su una questione costituzionale, la sua decisione può essere cancellata soltanto attraverso una modifica della Costituzione. Un esempio è il XVI em., una revisione necessaria a causa di una discutibile interpretazione delle norme costituzionali in materia di imposizione fiscale. Proposte di emendamento costituzionale sono spesso una reazione a decisioni giudiziarie sgradite. Ne è un esempio la menzionata proposta sul vilipendio della bandiera.

Nella gerarchia delle fonti federali, al di sotto della Costituzione come interpretata dalla Corte Suprema, si collocano le leggi approvate dal Congresso e promulgate dal presidente. Ogni Congresso in due anni approva qualche centinaio di leggi. La media dei dieci Congressi dal 99° al 108° è circa 500. Ciascuna legge viene pubblicata singolarmente come *public law* numerata (ad esempio, P.L. 109-120, dove il primo numero indica la legislatura e il secondo l'ordine progressivo di approvazione) e intitolata (il nome può essere abbreviato in acronimo: ad esempio, il *Rico Act*, la legge contro la criminalità organizzata, sta per *Racketeer Influenced and Corrupt Organizations*; lo *Usa Patriot Act*, la legge antiterrorismo approvata dopo l'11 settembre 2001, sta per *Uniting and Strengthening America by Providing Appropriate Tools Required to Intercept and Obstruct Terrorism*). Il testo di legge contiene un preambolo, seguito dalle disposizioni normative le quali, in molti casi, vengono incluse nello *Us Code*, una codificazione ufficiale delle vigenti «leggi generali e permanenti degli Stati Uniti». Il codice è diviso in cinquanta titoli: il I recante disposizioni generali; il II sul Congresso; il III sul presidente; il IV sulla bandiera e il sigillo, la sede del governo federale e gli stati; il V sull'organizzazione del governo e i dipendenti pubblici; il VI sulla sicurezza interna, e tutti gli altri indicati per materie in ordine alfabetico (da «agriculture», il VII, a «war and national defense», il L).

La legge autorizza l'esercizio del potere regolamentare (*rules and regulations*) da parte dei dipartimenti esecutivi, delle agenzie amministrative e delle autorità indipendenti: si parla di normativa delegata. I regolamenti sono pubblicati in una gazzetta ufficiale, il *Federal Register*. Il procedimento di formazione prevede: pubblicazione di uno schema provvisorio; periodo da 30 a 90 giorni durante i quali i soggetti interessati possono inviare commenti sulla proposta di regolamento; ai commenti viene data risposta nello stesso numero della gazzetta nel quale avviene la pubblicazione del testo definitivo. È prevista una procedura di *congressional review* prima dell'entrata in vigore del regolamento. Come le leggi, i regolamenti sono raccolti in un codice delle «norme regolamentari generali e permanenti», il *Code of Federal Regulations*. Nel registro e nel codice sono pubblicati anche gli atti presidenziali, distinti in «ordini esecutivi» (*executive orders*) e «proclamazioni» (*proclamations*). Tutte le attività del presidente degli Stati Uniti vengono raccolte nella *Weekly Compilation of Presidential Documents*.

I rapporti fra le fonti di diritto federale e le fonti di diritto statale (costituzionali, giurisprudenziali, legislative e regolamentari) sono regolati dalla *Supremacy Clause* dell'art. VI. Il rispetto del principio di prevalenza delle fonti federali è garantito dalla Corte Suprema, che ha il potere di riesaminare le sentenze dei giudici statali di ultima istanza quando le questioni sollevate riguardino il diritto federale.

CAPITOLO QUARTO

IL SISTEMA POLITICO-ELETTORALE

1. *La democrazia elettorale americana*

In nessun'altra democrazia si vota per eleggere così tante cariche diverse come negli Stati Uniti. Il discorso riguarda principalmente i cinquanta stati e decine di migliaia di enti locali. Quali sono le cariche elettive? A livello federale il corpo elettorale elegge il presidente degli Stati Uniti (e il suo vice) e i rappresentanti e senatori del Congresso degli Stati Uniti. Direttamente eletti sono i vertici degli esecutivi e i componenti delle assemblee rappresentative a tutti i livelli territoriali, e fin qui niente di diverso da quanto avviene ad esempio in Italia (ad eccezione del vertice dell'esecutivo nazionale). Diversa è invece la scelta per via elettorale, anziché per nomina politica, di numerose cariche che esercitano funzioni esecutivo-amministrative negli ordinamenti statali e locali (cariche di ministro o assessore, per intenderci). Del tutto peculiare nel panorama comparato è poi la scelta per via elettorale anche delle cariche giudiziarie statali.

Questa dimensione per così dire quantitativa del fenomeno elettorale è simboleggiata dall'*Election Day*, un giorno speciale dedicato allo svolgimento contemporaneo delle varie elezioni, indicato sui calendari come se fosse una festività o una ricorrenza. È il famoso martedì dopo il primo lunedì di novembre. La data cade quindi, escluso il primo del mese, in un giorno compreso fra il 2 e l'8 novembre. I motivi per i quali si scelse questa specifica data risalgono a tradizioni ed esigenze di secoli passati. Essa fu infatti stabilita da una legge federale del 1845, ma da allora l'*Election Day* rimane una scadenza fissa, mai saltata in tutta la storia nemmeno in tempi di guerra.

Le elezioni federali, nonché le elezioni statali e talvolta quelle locali, hanno dunque come scadenza prestabilita l'inizio di novembre. Per quanto riguarda gli organi federali, presidente e Congresso, le elezioni si svolgono negli anni pari, con intervallo rispettivamente quadriennale e biennale, i c.d. cicli elettorali. Negli anni pari divisibili per quattro (2008, 2012 ecc.) sono in programma contestualmente elezioni presidenziali e congressuali. L'elezione congressuale negli anni pari non bisestili (2010, 2014 ecc.) è chiamata *midterm election* poiché cade a metà del ciclo presidenziale.

Di qualunque elezione si tratti, il contesto è una competizione fra due grandi forze politiche. Da oltre un secolo e mezzo, con successivi riallineamenti elettorali, gli attori del bipartitismo americano sono il partito democratico, sul centrosinistra, e il partito repubblicano, sul centrodestra, lungo un asse ideologico molto semplificato (*liberal*, conservatori, moderati).

L'*Election Day* è la data delle «elezioni generali». L'appuntamento elettorale di novembre è preceduto, come dice il nome stesso, dalle «elezioni primarie». L'elezione generale assegna la carica; la primaria assegna la *nomination*, la candidatura ufficiale di partito. Le primarie, un'invenzione americana dell'epoca progressista, selezionano chi sarà il candidato democratico, fra i diversi pretendenti democratici, e chi sarà il candidato repubblicano, fra i diversi pretendenti repubblicani. Gli elettori votano nella primaria dell'uno o dell'altro partito, e i due rispettivi vincitori concorreranno poi l'uno contro l'altro. Questo metodo di selezione diretta dei candidati è generalizzato. L'elezione del presidente è preceduta dalle primarie presidenziali, l'elezione del Congresso dalle primarie congressuali, e così per le elezioni a livello statale e locale. Non è dunque il partito a scegliere i candidati alle elezioni di novembre né, ovviamente, a proporre le candidature alle primarie. Ogni ciclo elettorale si divide quindi in due fasi: la fase che attraverso la primaria porta alla *nomination*, e la fase che a seguito dell'elezione generale porta alla proclamazione dell'eletto.

2. *Elezioni federali: la legislazione elettorale*

Caratteristica dei processi elettorali federali è la loro natura decentrata. Non esiste un sistema elettorale nazionale, vale a dire una legislazione uniforme che dal centro si applica a tutti gli aspetti del procedimento di elezione degli organi federali. Esistono leggi federali che ne disciplinano singoli aspetti, la più corposa delle quali, avente carattere organico ed esclusivo, sul finanziamento delle campagne elettorali. Ed esistono le leggi dei singoli stati che nell'insieme concorrono a formare una sorta di *patchwork* di codici e norme, procedure e sistemi diversificati da uno stato all'altro. L'amministrazione dei procedimenti elettorali, l'organizzazione delle elezioni, le operazioni relative allo scrutinio dei voti e alla proclamazione dei risultati, sono tutti compiti spettanti alle autorità statali e locali, la cui responsabilità fa capo a ciascun segretario di Stato (una carica anch'essa elettiva in molti stati).

È la Costituzione che prevede in materia elettorale una competenza legislativa concorrente delle assemblee statali e del Congresso (art. I sez. 4 c. 1, art. II sez. 1 cc. 2 e 4). E ciò, del resto, è perfettamente coerente con il metodo di elezione su base statale sia per il presidente sia per le Camere. Il testo originario, inoltre, mentre da un lato elencava tassativamente i requisiti dell'elettorato passivo, dall'altro rimetteva per intero agli stati la definizione dell'elettorato attivo (art. I sez. 2 c. 1 per la Camera dei rappresentanti, in origine l'unico «organo popolare», con formula ripresa nel XVII em. per il Senato). La competenza statale è stata successivamente limitata dagli emendamenti costituzionali che hanno vietato restrizioni del diritto di voto «per ragioni di razza, colore o precedente condizione di servitù» (XV em., ma gli afroamericani continuarono a essere discriminati nell'esercizio del diritto costituzionale per quasi un secolo, fino al *Voting Rights Act* del 1965), «a motivo del sesso» (XIX em., coronando la lunga lotta del movimento delle suffragette), «per mancato pagamento di una tassa elettorale» (XXIV em.) e «a motivo dell'età» (XXVI em., che l'abbassò da 21 a 18 anni).

Dalle normative di ciascuno degli stati dipendono aspetti essenziali del procedimento elettorale. Ecco alcuni esempi. Recenti leggi hanno modificato la nozione stessa di «giorno delle votazioni» e stanno rapidamente cambiando le abitudini degli elettori. L'idea è di facilitare l'esercizio del diritto di voto consentendolo in un'ampia finestra temporale prima dell'*Election Day*: non più l'unico giorno in cui votare recandosi al seggio di persona, magari costretti a fare una lunga fila, ma solo l'ultimo giorno per votare. È possibile utilizzare il voto per corrispondenza (*absentee voting*: l'elettore fa domanda di ricevere a casa la scheda elettorale e la rispedisce, nella maggior parte degli stati senza dover motivare la richiesta, non occorre cioè essere impossibilitati il giorno delle elezioni) e il voto in anticipo (*early voting*: l'elettore non vota a distanza, ma in appositi seggi, allestiti in sedi istituzionali o luoghi aperti al pubblico, nelle settimane immediatamente precedenti il fatidico giorno di novembre). In California, ad esempio, si può essere «elettori per corrispondenza permanenti». In Oregon i seggi elettorali sono stati aboliti, perché le votazioni avvengono soltanto per posta. Sul voto all'estero, le leggi statali sono integrate da norme federali dirette a favorire la partecipazione dei cittadini e dei militari fuori dei confini (*Uniformed and Overseas Citizens Absentee Voting Act*).

Le leggi dei singoli stati disciplinano l'iscrizione nelle liste elettorali (*voter registration*), che non avviene d'ufficio come da noi. È un atto di responsabilità individuale: per poter esercitare il diritto di voto il cittadino deve chiedere di essere registrato come elettore. In un solo stato, il North Dakota, non esiste registrazione. Dal 1993 è in vigore una legge federale diretta a semplificare le procedure statali di registrazione (*National Voter Registration Act*).

Da uno stato all'altro, e molto spesso da una contea all'altra all'interno di uno stesso stato, cambiano le *voting machines*, ovvero i dispositivi meccanici-informatici di voto e scrutinio. Gli Stati Uniti hanno applicato le innovazioni tecnologiche al processo elettorale fin dalla seconda metà dell'Ottocento. Il nostro modo di votare, la matita e la scheda di carta scrutinata manualmente, è usato da pochi, anche se in alcuni sistemi l'espressione del voto avviene sempre su scheda cartacea. Vi sono quattro sistemi: le macchine a leva; le schede *punchcard* da perforare; le schede a lettura ottica; il sistema elettronico *touchscreen*. La tendenza attuale è verso l'adozione sempre più diffusa dei sistemi ottici e di quelli elettronici, favorita da una legge federale del 2002 (*Help America Vote Act*).

3. *La disciplina federale dei finanziamenti elettorali*

Il *Federal Election Campaign Act* risale al 1971-74, successivamente modificato più volte. L'ultima importante riforma è quella del 2002. Per attuare questa complessa disciplina è stata istituita un'autorità indipendente, la Federal Election Commission.

Ogni campagna elettorale viene seguita da tre angoli di visuale: chi sono i candidati, i loro tratti personali; quali sono i programmi, le loro posizioni sulle *issues*; quanti soldi hanno raccolto, i loro risultati in termini di *fundraising*. Quest'ultimo aspetto è spesso mal compreso da chi guarda soprattutto a certe cifre astronomiche, al fatto ad esempio che l'attività finanziaria complessiva di una campagna presidenziale, considerati tutti i soggetti coinvolti, supera oggi il miliardo di dollari e aumenta vertiginosamente da un'elezione all'altra. Da qui facili luoghi comuni sul denaro: la partita delle elezioni sarebbe giocata su un terreno che inesorabilmente avvantaggia i più ricchi. Non basta però essere milionari per vincere. In ogni elezione si hanno casi di candidati milionari usciti sonoramente sconfitti.

Il sistema americano dei finanziamenti elettorali si fonda essenzialmente sulle donazioni private, non sul finanziamento pubblico come nei paesi europei. Contributi pubblici sono disponibili soltanto per i candidati alle presidenziali e sono comunque volontari: i candidati possono accettarli o meno. Sono volontari anche per i contribuenti che, quando presentano la dichiarazione dei redditi, possono scegliere di destinare tre dollari al fondo per la campagna presidenziale. I principi fondamentali della disciplina federale sono: la trasparenza (*disclosure*), cioè gli obblighi di rendiconto pubblico di tutte le attività finanziarie in entrata e in uscita; il divieto per imprese e sindacati di utilizzare le casse sociali a fini elettorali; i limiti ai contributi individuali che possono essere versati a candidati, partiti e altri comitati politici (c.d. *political action committees*, i PAC espressione dei gruppi di interesse). In virtù di questi limiti (ad esempio, il tetto di $2000 al singolo candidato), il *fundraising* è uno strumento di partecipazione politica operante attraverso reti capillari di finanziatori, oggi grazie anche a Internet, che attira migliaia e migliaia di persone, il maggior numero essendo piccoli donatori che contribuiscono con 100, 200 o 300 dollari.

A differenza dei contributi, le spese dei candidati non sono soggette a limiti. La legge aveva previsto anche tetti alle spese, ma la Corte Suprema nel 1976 li dichiarò incostituzionali. La Corte fece una distinzione fra contributi e spese: i limiti ai contributi perseguono il legittimo obiettivo di prevenire indebite influenze, reali o apparenti, da parte di interessi particolari; i limiti alle spese costituiscono invece una illegittima limitazione della libertà di espressione politica, di comunicare con gli elettori e far conoscere le proprie idee, una libertà protetta dal I emendamento. Cadute le norme sui tetti di spesa, arginare il flusso di denaro è diventato pressoché impossibile. Le campagne elettorali hanno avuto costi via via crescenti. È assiomatico, ogni campagna costa più della precedente.

La riforma del 2002 è intervenuta per chiudere le scappatoie legali, frutto di interpretazioni giudiziarie e amministrative, che avevano creato due sistemi paralleli: uno strettamente regolamentato, l'altro nel quale quelle regole potevano essere aggirate. Le espressioni *hard money* e *soft money* stavano appunto a indicare i due ambiti. Era possibile staccare un assegno a sei o sette cifre intestato al partito democratico o al partito repubblicano, un grosso contributo *soft money*, fintantoché questi soldi non fossero utilizzati per fare propaganda a favore o contro un candidato. Spot elettorali che attaccavano per nome un candidato, senza però dare indicazioni di voto, non erano considerati una forma di propaganda diretta, ma una pubblicità c.d. *issue advocacy*, e quindi potevano essere finanziati al di fuori dei limiti di legge. La riforma ha privato i partiti nazionali dei contributi illimitati e ha dettato una nuova disciplina della comunicazione elettorale radiotelevisiva. I partiti hanno dimostrato nondimeno la loro capacità di adattarsi prontamente alle nuove regole e, già nel primo ciclo elettorale alimentato dal solo *hard money*, hanno raccolto molto più denaro di quanto avessero fatto nei cicli precedenti. Né sono scomparsi i contributi *soft money*, che hanno trovato sbocco in gruppi esterni ai partiti, fiancheggiatori in campagna elettorale dei democratici o dei repubblicani.

4. *Come viene eletto il presidente degli Stati Uniti*

Negli Stati Uniti il presidente non viene eletto come i capi di stato nei paesi europei che ne prevedono l'investitura popolare, con un'elezione nazionale a suffragio universale e diretto. Ciò premesso, gli americani scelgono col loro voto il presidente degli Stati Uniti. Lo scelgono per mezzo di un sistema particolare.

Secondo l'art. II sez. 1 c. 2 Cost., «ciascuno stato nomina, nel modo stabilito dal suo organo legislativo, un numero di elettori pari al totale dei senatori e dei rappresentanti ai quali lo stato abbia titolo nel Congresso», i quali elettori (*grandi elettori*), prosegue l'articolo come modificato dal XII emendamento, «si riuniscono nei rispettivi stati e votano a scrutinio segreto per il presidente e per il vice presidente». È questo il c.d. sistema del collegio elettorale, espressione che non si trova in Costituzione ma entrata in uso fin dalle origini, ovvero un sistema di elezione di secondo grado. Formalmente, il presidente è eletto dai grandi elettori, a loro volta scelti con modalità fissate dalle singole leggi statali. Effettivamente, le modalità di scelta dei grandi elettori, in tutti gli stati eletti direttamente dal popolo con sistema maggioritario, e il contesto bipartitico rendono *di fatto* diretta l'elezione stessa del presidente, e viceversa rendono scontato il passaggio elettorale in secondo grado. Anche se il voto costituzionalmente necessario dei grandi elettori risulta superfluo, il sistema del collegio elettorale rimane in piedi, con due implicazioni fondamentali. Primo: la competizione presidenziale avviene stato per stato, ogni stato fa storia a sé. Secondo: bisogna distinguere fra *voto popolare* e *voto elettorale*; a determinare chi sarà presidente è la somma del *voto elettorale* di ciascuno stato.

La corsa per la Casa Bianca è lunga, lunghissima. L'elezione presidenziale può essere divisa in sei tappe: la fase delle pre-primarie; la stagione delle primarie; le convenzioni nazionali dei partiti (fin qui il procedimento di *nomination* dei candidati, su cui nulla prevede la Costituzione); l'elezione generale di novembre; la riunione dei grandi elettori; lo scrutinio e la proclamazione davanti al Congresso in seduta comune.

5. *La «nomination» presidenziale*

La corsa per la Casa Bianca parte in pratica due anni prima del voto. All'indomani dell'elezione congressuale di medio termine arriva il momento per coloro che nutrono ambizioni presidenziali di uscire allo scoperto. Gli aspiranti danno vita a comitati esplorativi, presentano ufficialmente la candidatura, costituiscono la loro organizzazione elettorale, assumono manager professionisti, iniziano la raccolta dei finanziamenti.

I potenziali candidati devono dichiararsi presto per essere pronti per le primarie che si svolgeranno a partire dall'inizio dell'anno elettorale. L'anno che lo precede serve appunto a organizzarsi, a farsi conoscere, a cercare sostegni e contributi, in poche parole a dimostrare di essere candidati seri e credibili. Chi entra in corsa troppo a ridosso delle primarie parte oggettivamente da una situazione di svantaggio. Si suole dire che l'anno pre-elettorale costituisce una *money primary*: prima si conta il denaro, quindi si contano i voti. Ogni trimestre i candidati devono per legge presentare un rapporto dettagliato su quanti soldi hanno ricevuto e da chi, su quanti soldi hanno speso e per cosa. Il *fundraising* serve da indicatore dell'andamento della campagna: quale fra i diversi candidati nel campo democratico e nel campo repubblicano sta emergendo come il favorito per la *nomination*.

La legge prevede il finanziamento pubblico per i candidati alle primarie (si chiamano *matching funds* perché i contributi pubblici sono integrativi: tanti soldi pubblici per tanti soldi privati fino a un certo importo massimo). Se i candidati decidono di partecipare al fondo pubblico, si vincolano a un tetto di spesa (accettato volontariamente, quindi non incostituzionale). Se decidono di non parteciparvi, possono spendere senza alcun limite, come nel 2004 George W. Bush e John Kerry. Le cifre parlano da sole. Bush e Kerry hanno raccolto, il primo 270 milioni di dollari, tre volte di più che nel 2000, il secondo 235 milioni, sei volte di più di quanto mai raccolto da un candidato democratico; il Tesoro ha versato in contributi pubblici agli altri candidati la somma più bassa di sempre.

Entrati nell'anno elettorale, comincia la *primary season* attraverso la quale vengono selezionati i delegati alle convenzioni nazionali democratica e repubblicana. La selezione avviene in elezioni primarie o in assemblee di elettori (*caucus*). Il principio è lo stesso. Gli elettori esprimono una preferenza presidenziale che si traduce nell'assegnazione ai diversi candidati di un certo numero di delegati (i democratici usano la formula proporzionale con sbarramento, i repubblicani anche la formula maggioritaria). La *nomination* viene attribuita dalla convenzione nazionale, ma per conquistarla occorre vincere la sfida delle primarie conquistando la maggioranza dei delegati.

Elezioni primarie o *caucus*, disciplinati da leggi statali e regolamenti dei partiti, si svolgono nei diversi stati in tempi diversi, fra gennaio e giugno. L'intero percorso copre dunque la prima metà dell'anno presidenziale, ma le dinamiche più recenti lo hanno molto abbreviato. Le prime tappe sono tradizionalmente i *caucus* in Iowa e la primaria in New Hampshire. Qui i candidati si impegnano in vere e proprie campagne porta a porta. I due stati battistrada rivestono grande importanza, secondo alcuni sproporzionata. Vincere le prime due gare può creare un'onda lunga, dare lo slancio vincente per le tappe successive, anche se una sconfitta non segna automaticamente la fine della corsa (ad esempio, nel 2000 Bush perse in New Hampshire). Le primarie all'inizio del calendario elettorale funzionano come eliminatorie: i contendenti più deboli si ritirano via via e il nome del vincitore emerge non più tardi di marzo, di solito dopo quello che viene chiamato il «supermartedì» delle primarie. Il vincitore viene considerato il *presumptive nominee* e le rimanenti primarie servono ad assicurargli tutti i delegati necessari.

La stragrande maggioranza dei delegati alle convenzioni, più dell'80%, viene selezionata in base ai risultati delle elezioni primarie, che si tengono mediamente in un numero di stati da trenta a quaranta. Ci sono tre tipi di primarie. La primaria è «chiusa» negli stati in cui gli elettori si registrano nelle liste elettorali dichiarando un'affiliazione partitica: solo chi è registrato come democratico è qualificato a partecipare alla primaria democratica, solo chi è registrato come repubblicano è qualificato a partecipare alla primaria repubblicana. La primaria è «chiusa modificata» negli stati che consentono agli indipendenti, cioè agli elettori che non hanno dichiarato un'affiliazione partitica, di partecipare a una delle due primarie. La primaria è «aperta» negli stati in cui la registrazione è apartitica e gli elettori scelgono a quale primaria partecipare al momento del voto.

Le convenzioni nazionali si riuniscono in estate, a luglio o agosto. La convenzione ha alcuni compiti formali da svolgere: conferire ufficialmente la *nomination* presidenziale (a maggioranza assoluta dei delegati); nominare il candidato alla vice presidenza (scelto dal vincitore delle primarie, che l'annuncia alcune settimane prima della convenzione); approvare la piattaforma programmatica del partito (documento peraltro a cui viene dato scarso rilievo). Le convenzioni hanno una lunga storia. Nel 2004 quella democratica è stata la 44ª (la prima nel 1832), quella repubblicana la 38ª (la prima nel 1856). Nel passato le convenzioni erano la sede dove si facevano i giochi per la *nomination*; le primarie erano consultive o comunque non risultavano decisive, come nell'esperienza delle primarie presidenziali nei primi decenni del Novecento e ancora nel secondo dopoguerra, anche se talvolta giocarono un ruolo importante. Le riforme attuate a partire dall'elezione del 1972 hanno ridefinito il processo di nomina, con la diffusione in gran parte degli stati del metodo delle primarie per la scelta vincolante dei delegati alle convenzioni. Oggigiorno le convenzioni sono kermesse spettacolari per conquistare la scena mediatica, una grande vetrina con scalette per il *prime time* televisivo, suggellate dal discorso del presidente designato. L'atteso balzo nei sondaggi del dopo-convenzione è la misura del successo.

6. *L'elezione presidenziale*

Si arriva alla volata finale fino a novembre. Per l'elezione generale i candidati democratico e repubblicano ricevono un finanziamento pubblico per tutte le loro spese ($75 milioni a testa nel 2004). La voce di spesa più grossa sono gli spot elettorali, massicciamente utilizzati fin dall'avvento della radio e della televisione. Un momento centrale degli ultimi due mesi sono i faccia a faccia trasmessi in diretta televisiva. I dibattiti sono organizzati da una commissione *nonprofit* e *nonpartisan*, la Commission on Presidential Debates. Lo svolgimento è minuziosamente regolato da un protocollo d'intesa fra i due schieramenti. È un appuntamento fisso dall'elezione del 1976 (ma la memoria corre a quelli Kennedy-Nixon del 1960). Alcuni episodi sono entrati nella storia (chi non ricorda il «read my lips, no new taxes» di Bush padre nel 1988?).

I sondaggi si susseguono nelle ultime settimane fino alle ultime ore. La campagna si concentra sui c.d. *swing states*, gli stati incerti che possono spostare il risultato in un senso o nell'altro. Quando i seggi si chiudono, via via a seconda dei fusi orari, gli exit poll dichiarano il vincitore in ogni stato. La mappa degli Stati Uniti si colora di stati in rosso, quelli vinti dal repubblicano, e di stati in blu, quelli vinti dal democratico. La telefonata dello sconfitto al vincitore, il discorso dello sconfitto e quello del vincitore davanti ai loro sostenitori calano il sipario sull'elezione.

Per vincere è necessaria, sommando i vari stati, la maggioranza assoluta dei voti elettorali. Ciascuno stato ha tanti voti elettorali quanti i suoi senatori e rappresentanti (da un minimo di 3 a un massimo, nel 2004 e 2008, di 55). I voti elettorali sono in totale 538, risultanti dalla somma di 100 senatori (2 per ogni stato), 435 rappresentanti (ripartiti in ogni stato in base alla popolazione) e 3 grandi elettori (assegnati al Distretto di Columbia dal XXIII em.). La maggioranza assoluta è pari a 538/2+1=270.

I votanti eleggono i grandi elettori, ma eleggendo i grandi elettori eleggono in realtà il presidente. Chi vota trova sulla scheda il nome dei candidati presidente e vice presidente di ciascun partito ed esprime un voto unico per il ticket presidenziale. A ciascun candidato è collegata una lista di grandi elettori, scelti da organi di partito, in numero pari a quelli spettanti allo stato. In pochissimi casi sulla scheda, sotto i nomi dei candidati presidenziali, vengono riprodotti in caratteri più piccoli anche i nomi dei grandi elettori corrispondenti. Più spesso compare la dicitura «elettori per» (ad esempio: elettori per George W. Bush e Dick Cheney, partito repubblicano). In ogni caso, i votanti ignorano addirittura l'esistenza dei grandi elettori e concepiscono l'elezione presidenziale come una elezione diretta. A volte i grandi elettori sono persone note con ruoli pubblici (ad esempio, governatori, legislatori statali, amministratori locali: per Costituzione sono incompatibili i membri del Congresso e qualsiasi carica del governo federale), ma nel ruolo di grandi elettori nessuno li conosce (si può scoprire chi sono nel sito web degli Archivi nazionali). La terminologia di uso corrente è rivelatrice. Piuttosto che di grandi elettori in quanto persone fisiche, si parla di voti elettorali immediatamente aggiudicati al candidato vincente, il quale da quel momento viene considerato il *president-elect*.

Come vengono aggiudicati i voti elettorali? Gli stati possono adottare una qualunque formula elettorale, maggioritaria o proporzionale, ma tutti utilizzano il sistema *winner-take-all* a maggioranza relativa. Il candidato presidenziale che ottiene più voti popolari in uno stato «piglia tutto», a lui o lei vanno tutti i voti elettorali di quello stato (la lista di grandi elettori collegata al candidato vincente è eletta in blocco). Una variante è prevista in Maine e in Nebraska: assegnazione di due voti elettorali al più votato a livello statale e degli altri voti elettorali, tanti quanti i rappresentanti, al più votato in ciascuno dei collegi uninominali per l'elezione della Camera. I voti elettorali potrebbero così essere suddivisi, ma l'ipotesi non si è finora mai verificata.

Il sistema *winner-take-all* ha sempre prodotto un vincitore, ovvero una maggioranza assoluta di voti elettorali per uno dei candidati. La differenza fra la percentuale del voto popolare e la percentuale del voto elettorale misura l'effetto maggioritario, che può produrre «vittorie a valanga» (ad esempio, Ronald Reagan nel 1984). Lievissime differenze nel voto popolare possono dare luogo a margini più o meno ampi di vittoria nel voto elettorale (ad esempio, John F. Kennedy nel 1960). È teoricamente possibile che venga eletto un candidato che ha ottenuto *meno* voti popolari del suo avversario. Questa eventualità si è avverata nel 2000: Al Gore ottenne il 48,38% del voto popolare, George W. Bush il 47,87%, una differenza di 543.895 voti, ma quest'ultimo divenne presidente con una maggioranza di 271 voti elettorali. Per alcuni sarebbe il difetto più grave del sistema. Un difetto, tuttavia, senza quasi riscontro nella realtà perché prima del 2000 bisogna risalire al 1888 per un altro caso analogo (B. Harrison contro Cleveland). Qualcuno può sorprendersi del fatto che non sia avvenuto più spesso, ma il sistema del collegio elettorale ha una sua logica. Il voto popolare conta ai fini della vittoria stato per stato, mentre il complesso dei voti popolari è solo un dato statistico.

Il collegio elettorale funziona come la somma delle sue parti. Quello che chiamiamo «collegio elettorale» non è un organo unico che riunisce i grandi elettori di tutti gli stati in una sede nazionale. Sono 51 collegi distinti che si riuniscono nella capitale dei rispettivi stati in uno stesso giorno (il lunedì dopo il secondo mercoledì di dicembre), riunioni che passano del tutto inosservate. I grandi elettori votano su schede separate per il presidente e per il vice presidente (uno dei due, per Costituzione, «non residente nel loro stesso stato»). Essi devono votare per i candidati del partito ai quali erano collegati, con vincolo di mandato. Lo prevedono espressamente le leggi statali, a volte con specifiche sanzioni per chi non rispetta il mandato. Taluni dubitano della costituzionalità di simili disposizioni e sostengono che non può esistere vincolo. Sia come sia, i grandi elettori sono per definizione *party loyalists*. Casi di elettori «non fedeli», che non hanno votato come avrebbero dovuto, si sono verificati, ma si è trattato di casi isolati e irrilevanti, curiosità più che altro (nove volte dal 1948 al 2004).

Il successivo 6 gennaio il Congresso riunito in seduta comune dà lettura dei voti espressi da ogni collegio elettorale e proclama il presidente e il vice presidente. Nel caso in cui nessuno abbia raggiunto la metà più uno dei voti elettorali, la Costituzione prevede che il presidente sia eletto dalla Camera dei rappresentanti (con votazione per delegazioni statali fra i tre più votati nel collegio elettorale: la maggioranza è 26 stati), il vice presidente dal Senato (con votazione individuale fra i due più votati: la maggioranza è 51 senatori). A parte il caso del 1800, che precede il XII em., è accaduto una volta per il presidente (1824) e una volta per il vice presidente (1836). In un sistema rigorosamente bipartitico l'unico scenario che rimetterebbe alla Camera l'elezione del presidente è un pareggio 269 a 269. Nello scorso secolo voti elettorali sono andati a terzi partiti soltanto in quattro elezioni (1912, 1920, 1948, 1968), senza conseguenze sul funzionamento del collegio elettorale. Nelle elezioni degli ultimi quarant'anni nessun candidato che non fosse repubblicano o democratico ha mai più ottenuto alcun voto elettorale. Il risultato nel 1992 del candidato indipendente Ross Perot fu impressionante. Il suo 18,9% di voto popolare non gli valse tuttavia nessun grande elettore, anche se quasi certamente fu determinante a far perdere il presidente George H.W. Bush.

7. *Come viene eletto il Congresso degli Stati Uniti*

Rappresentanti e senatori hanno diversa durata in carica, rispettivamente 2 anni e 6 anni, ma l'elezione dei secondi è sempre contestuale all'elezione dei primi in quanto i mandati al Senato sono scaglionati a cadenza biennale. Ogni due anni la Camera dei rappresentanti è rinnovata integralmente, il Senato è rinnovato per un terzo.

La Costituzione non stabilisce la composizione numerica della Camera. Prevede soltanto che ogni stato debba avere almeno un rappresentante. Il numero di 435 è stato fissato da una legge federale del 1929 (in precedenza era variabile). I rappresentanti sono ripartiti fra i diversi stati in base alla popolazione. Ogni dieci anni, a seguito del censimento, viene operata una nuova ripartizione (*reapportionment*): alcuni stati guadagnano seggi, altri li perdono, altri ancora mantengono gli stessi seggi. Nelle elezioni 2002-10 gli stati con un solo rappresentante sono sette, lo stato con la delegazione più numerosa è la California (53). L'elezione della Camera avviene in collegi uninominali (*congressional districts*). La dimensione media dei collegi è circa 650 mila abitanti.

Come previsto dalla Costituzione, i senatori sono 2 per stato, da cui il numero di 100. I senatori sono divisi in tre gruppi, ciascun gruppo comprendente stati diversi. La classe 1, formata da 33 senatori, viene eletta nel 2006, 2012 ecc.; la classe 2, formata da 33 senatori, nel 2008, 2014 ecc.; la classe 3, formata da 34 senatori, nel 2010, 2016 ecc. L'elezione dei due senatori di ciascuno stato non è quindi mai contemporanea. Ogni stato li elegge in successione nel giro di due tornate elettorali, e poi di nuovo a partire dal quarto anno successivo (ad esempio, il New Jersey nel 2006 e 2008, quindi nel 2012 e così via). L'elezione diretta del Senato è stata introdotta dal XVII em. (in precedenza i senatori erano eletti dai parlamenti statali). L'elezione avviene in un'unica circoscrizione statale.

I candidati alla Camera e al Senato sono nominati direttamente attraverso elezioni primarie, che gli stati prevedono di norma in una data fra marzo e settembre (in alcuni a doppio turno). La formula per l'elezione dei rappresentanti e dei senatori è maggioritaria *plurality*. Una formula con eventuale secondo turno è prevista in Georgia e in Louisiana, ma solo l'eccezione della Louisiana è rilevante perché, a differenza di tutti gli altri stati, l'elezione generale non è preceduta dalla primaria per selezionare il candidato democratico e quello repubblicano. Al primo turno, coincidente con l'elezione di novembre, competono più candidati anche dello stesso partito; se uno ottiene la metà più uno dei voti è eletto; altrimenti si va al ballottaggio.

Il caso particolare della Louisiana ci riporta all'intreccio che esiste tra fonti statali e fonti federali in materia elettorale. Una legge statale prevede il doppio turno, mentre la legge federale prevede l'elezione della Camera sulla base di collegi uninominali, in numero pari al numero dei rappresentanti in ogni stato, ciascuno dei quali elegge un rappresentante. La legge federale non prevede alcun criterio per la determinazione dei collegi uninominali. Un criterio è stato affermato dalla Corte Suprema in una serie di decisioni degli anni Sessanta: il principio «one-person, one-vote», cioè la garanzia del voto uguale. L'eguaglianza del voto implica che ogni collegio uninominale deve avere la stessa popolazione della media di tutti i collegi di uno stato (salvo scarti minimi per l'impossibilità pratica di determinare collegi identici con «precisione matematica»).

Sulla base del censimento decennale si stabilisce quanti rappresentanti spettano a ogni stato. Compete poi ai singoli stati il compito di ridisegnare i collegi uninominali (*redistricting*). La definizione della mappa dei collegi non è affidata a organi tecnici o neutrali. Essa è di competenza delle assemblee legislative, inevitabilmente guidate da calcoli politici e interessi di parte. Ne consegue, in molti casi, il coinvolgimento dei tribunali. Oggi il *redistricting*, grazie a mezzi informatici che permettono di gestire milioni di dati, è diventato una scienza esatta. Gli americani hanno un termine specifico per definire questa operazione quando viene condotta con intenti manipolativi dal partito maggioritario: la chiamano *gerrymandering*, termine inventato agli inizi dell'Ottocento dai nemici del governatore del Massachusetts Elbridge Gerry (il cognome unito alla parola *salamander*, come la forma stramba di uno dei collegi elettorali). Il gioco è praticato a volte dai democratici a volte dai repubblicani.

Se non è un disegno scopertamente a vantaggio di un partito e a danno dell'altro, si tratta in genere di un disegno a difesa delle posizioni acquisite dai due partiti, per tutelare i c.d. *incumbents*. La *incumbency* è un fattore di grandissima importanza nelle elezioni congressuali. Per *incumbents* si intendono i parlamentari in carica che si candidano per essere rieletti. Le percentuali di rielezione sono altissime, in media più del 90%. Raramente un *incumbent* viene sconfitto alle primarie. Più spesso si ritira, di solito dopo numerosi mandati. Se si ripresenta, viene quasi sempre confermato. I volti nuovi nel Congresso provengono per lo più da collegi «aperti». Alla Camera i collegi veramente competitivi sono in effetti poche decine. Negli altri si sa già in partenza che non c'è partita, alcuni sono addirittura *uncontested*.

Contro questo fenomeno venne proposta, agli inizi degli anni Novanta, l'introduzione di limiti di mandato per rappresentanti e senatori. Leggi di iniziativa popolare sui *term limits* furono approvate in una ventina di stati. La Corte Suprema nel 1995 le dichiarò incostituzionali (limiti ai mandati congressuali non possono essere stabiliti per legge, né statale né federale, ma richiederebbero un emendamento costituzionale).

8. *Bipartitismo ed elezioni presidenziali*

Le origini dei partiti politici negli Stati Uniti risalgono ai primissimi decenni della repubblica. Il rapido sviluppo dei partiti e la formazione di un moderno sistema bipartitico (la prima alternanza alla Casa Bianca con l'elezione del 1800) si accompagnarono, nella prima metà del XIX secolo, a un altrettanto rapido processo di democratizzazione. Il suffragio venne allargato (eliminate le limitazioni legate alla proprietà) e divenne universale per i maschi adulti bianchi. L'adozione generalizzata dell'elezione diretta dei grandi elettori presidenziali diventò irreversibile, insieme all'adozione del sistema maggioritario su base statale. Gli elementi fondamentali di funzionamento del collegio elettorale come li conosciamo oggi erano già tutti presenti.

La repulsione delle lotte fra «fazioni» fu il sentimento dominante dei Padri fondatori. Del ruolo dei partiti nel nuovo ordinamento costituzionale alla Convenzione di Filadelfia non si parlò. Quando i costituenti discussero su come eleggere il presidente, un elemento che per noi è irrilevante, la mediazione dei grandi elettori, a loro apparve quello decisivo. Ma il sistema non funzionò come prefigurato dai costituenti, in un immaginario universo senza partiti.

Il sistema del collegio elettorale bilanciava l'interesse federale e l'interesse statale, decentrando a livello dei singoli stati l'elezione di una carica rappresentativa dell'intera nazione. Bilanciava inoltre gli interessi dei grandi stati e di quelli più piccoli, incorporando nell'elezione presidenziale il «grande compromesso» sulla composizione del legislativo bicamerale. Questo spiega perché, dopo aver scartato l'elezione popolare e l'elezione parlamentare, esso riscosse un generale consenso. Spiega anche perché le attuali proposte di riforma o persino abolizione del collegio elettorale siano puramente accademiche.

La modifica costituzionale del 1804, una modifica tecnica, registrò un fatto: l'avvento sulla scena politica nazionale di fazioni contrapposte intorno alle quali si era organizzata la lotta elettorale per la presidenza. George Washington fu il primo presidente, eletto col voto unanime dei grandi elettori e rieletto all'unanimità. Quando alla fine del secondo mandato Washington decise di ritirarsi a Mount Vernon, la scelta del presidente si tramutò in un'aspra contesa. Nelle due successive elezioni i contendenti furono John Adams, da una parte, e Thomas Jefferson, dall'altra. I loro sostenitori presero il nome di federalisti e di repubblicani (jeffersoniani, per distinguerli dai repubblicani contemporanei). Stava emergendo un primo sistema partitico (1796-1816).

L'originario art. II aveva previsto che ogni grande elettore esprimesse due voti, senza distinguere il voto per il presidente e il voto per il vice presidente. Chi otteneva più voti, purché pari almeno alla metà più uno dei grandi elettori, era eletto presidente, il secondo arrivato vice presidente. L'effetto combinato dei due voti avrebbe potuto essere imprevedibile. Nel 1796 prevalse Adams. Paradossalmente, il suo rivale Jefferson divenne il suo vice. Eppure soltanto un grande elettore aveva votato per entrambi. Quattro anni dopo prevalsero i jeffersoniani, ma i loro grandi elettori commisero l'errore di votare compatti per Jefferson e per Aaron Burr, candidato a fargli da vice (mentre Adams ottenne un voto in più del candidato federalista alla vice presidenza). Essendo finita in parità, Jefferson venne poi eletto presidente dalla Camera dei rappresentanti, ma soltanto al trentaseiesimo scrutinio. Ciò portò al XII em., e da allora (cinquantuno elezioni presidenziali dal 1804 al 2004) i due voti sono distinti.

Jefferson fu rieletto nel 1804. La dinastia virginiana continuò con James Madison e James Monroe, entrambi per due mandati. I federalisti scomparvero dopo l'elezione del 1816. Nel 1820 Monroe venne rieletto col voto di tutti i grandi elettori meno uno. Nel 1824 esplosero personalismi e localismi: i voti elettorali furono distribuiti fra quattro candidati, tutti apparentemente repubblicani, e nessuno ottenne la maggioranza assoluta. La Camera preferì John Quincy Adams ad Andrew Jackson, il più votato nel collegio elettorale. Negli anni che seguirono i repubblicani si divisero in una fazione pro Jackson (repubblicani democratici) e in una fazione pro Adams (repubblicani nazionali). Queste due correnti diventarono due grandi partiti: i primi, dopo le vittorie di Jackson nel 1832 e 1836, si chiamarono semplicemente democratici, il nome che il partito ha mantenuto da quel tempo; i secondi si costituirono nel partito *whig*. Era nato un secondo sistema partitico (1836-52).

Nel periodo dopo Jackson i democratici elessero tre presidenti (Van Buren nel 1836, Polk nel 1844, Pierce nel 1852), i *whigs* due presidenti (W.H. Harrison nel 1840 e Taylor nel 1848). La questione della schiavitù fu quella intorno alla quale negli anni Cinquanta si formò un terzo sistema partitico. I *whigs* si dissolsero; i democratici si divisero in due raggruppamenti regionali; nacque un nuovo partito, il partito repubblicano, che nominò il suo primo candidato presidenziale nel 1856 (vinse il democratico Buchanan). Poi i repubblicani elessero Lincoln (1860 e 1864).

La contrapposizione repubblicani-democratici, i partiti raffigurati coi simboli dell'elefante e dell'asinello, sarebbe continuata per tutti gli anni che seguirono la Guerra civile. I repubblicani (soprannominati con la sigla GOP, Grand Old Party) furono il partito dominante fino agli anni Venti del Novecento: elessero tutti i presidenti (Grant, Hayes, Garfield, B. Harrison, McKinley, T. Roosevelt, Taft, Harding, Coolidge, Hoover), tranne in quattro elezioni. I democratici sfiorarono la vittoria nel 1876, un'elezione che per le contestazioni dei risultati in alcuni stati dell'ex Confederazione rischiò di precipitare in crisi costituzionale (Hayes contro Tilden). Vinsero invece nel 1884 e 1892 (Cleveland) e nel 1912 e 1916 (Wilson).

I democratici furono il partito dominante dal 1932 al 1968, a partire dalla vittoria di Franklin D. Roosevelt e dalle tre successive rielezioni che segnarono un profondo e duraturo riallineamento del sistema politico. I democratici elessero Harry Truman nel 1948, John F. Kennedy nel 1960 e Lyndon Johnson nel 1964. I repubblicani elessero nel 1952 e 1956 il generale Dwight Eisenhower, comandante supremo degli Alleati nella Seconda Guerra mondiale, che era stato corteggiato da entrambi i partiti.

Dal 1968 ad oggi, facendo il calcolo fino alla fine del secondo mandato di George W. Bush, i repubblicani sono stati alla Casa Bianca per 28 anni (sette elezioni presidenziali vinte: Richard Nixon nel 1968 e 1972, Ronald Reagan nel 1980 e 1984, George H.W. Bush nel 1988, Bush figlio nel 2000 e 2004); i democratici per 12 anni (tre elezioni vinte: Jimmy Carter nel 1976, Bill Clinton nel 1992 e 1996). La prevalenza di presidenti repubblicani, unitamente ai successi nelle elezioni congressuali dell'ultimo decennio, fanno pensare a uno spostamento a lungo termine dei rapporti di forza fra i partiti e dei modelli di voto, questa volta a favore delle forze conservatrici, la «Right Nation» (Micklethwait-Wooldridge). Il riallineamento è stato evidente nel Sud, un tempo tradizionalmente democratico a causa della Guerra civile e oggi roccaforte dei repubblicani.

9. *Le elezioni del 2000 e del 2004*

Nel 2000 si è consumato il dramma più lungo in un'elezione presidenziale dai tempi della crisi del 1876. Al risveglio di una convulsa notte elettorale non si conosceva ancora il nome del nuovo presidente. Tutto dipendeva dalla Florida, i cui voti elettorali avrebbero assicurato al repubblicano Bush o al democratico Gore la vittoria finale. Bush aveva poco più di mille voti di vantaggio. Ci fu un nuovo scrutinio che ridusse soltanto il distacco. Poi Gore chiese che le schede venissero ricontate manualmente per scoprire i voti che, secondo i democratici, si nascondevano nelle schede risultate bianche, perché non decifrati correttamente attraverso lo scrutinio meccanico. Si trattava dei voti espressi con il sistema delle schede perforate, la cui attendibilità venne messa in seria discussione. Immagini simbolo di quei giorni sono gli scrutatori che guardavano le schede in controluce per verificare l'avvenuta foratura o se il coriandolino di carta accanto al nome di uno dei candidati era rimasto penzolante (*hanging chad*).

I democratici si rivolsero alla Corte Suprema statale che diede loro ragione e ordinò di rifare tutto lo scrutinio scheda per scheda. I repubblicani si appellarono alla Corte Suprema degli Stati Uniti che ordinò di sospendere lo scrutinio manuale e pronunciò la parola definitiva, nel caso chiamato proprio *Bush v. Gore*, con una sofferta decisione che diede ragione a Bush. Trentasei giorni dopo il voto Al Gore si arrese. Il risultato ufficiale in Florida fu a favore di Bush per 537 voti, un distacco minimo che avrebbe messo in crisi il procedimento elettorale di qualsiasi stato. «Every vote counts», come non si è più smesso di ripetere per non dimenticare la lezione del 2000.

Molti temevano, nonostante le riforme approvate negli ultimi anni, che anche nel 2004 avrebbero potuto verificarsi gravi problemi. I candidati si erano preparati ad affrontare tutte le possibili battaglie legali, preventivamente e per il dopo-elezione. Ma questa volta è emerso un chiaro vincitore e l'idea di trovare un'altra Florida è stata subito accantonata dai democratici. Il presidente Bush ha vinto con 286 voti elettorali e nel voto popolare complessivo ha ottenuto il 50,7% (62 milioni contro i 59 milioni di Kerry).

L'elezione del 2004 ha visto un'affluenza piuttosto alta: 56,7%. Nel 2000 si era fermata al 51,2. Si è spesso parlato di declino della partecipazione elettorale, in particolare fra gli anni Sessanta, quando era superiore al 60%, e gli anni Settanta, quando è scesa al 55% ed è dopo di allora scesa ulteriormente (la punta minima nel 1996 col 49,1). Occorre però tenere presente che questi dati hanno come denominatore la «popolazione in età di voto», un numero che comprende persone senza elettorato attivo (fra cui non cittadini). In questo modo la partecipazione viene sottostimata. Al contrario, se la si calcola sul totale di coloro che sono registrati nelle liste elettorali, viene sovrastimata. Per questo alcuni studiosi hanno elaborato un indice che stima gli aventi diritto al voto (*voter eligible population*). Così calcolata la partecipazione raggiunge, in occasione delle punte massime (1992 e 2004), percentuali intorno al 60%.

CAPITOLO QUINTO

LA FORMA DI GOVERNO: PRESIDENTE E CONGRESSO

1. *Poteri separati e poteri condivisi*

Nei manuali americani di diritto costituzionale e scienza politica la definizione «governo presidenziale», come noi chiamiamo la forma di governo degli Stati Uniti, viene quasi sempre evitata. Parlare di *presidential government* sembra implicare una supremazia del presidente, ridimensionando il ruolo del Congresso quale «co-equal branch of government». Del Congresso si ripete spesso che nessun altro parlamento ha una così grande influenza quanto il Congresso americano, il parlamento più potente del mondo. Del presidente, osservandolo senza il filtro dell'immagine di leader della superpotenza mondiale, si scopre che il presidente americano non è così potente come spesso viene visto da chi lo considera alla stregua di un monarca repubblicano.

Al tempo della Rivoluzione gli americani maturarono una profonda diffidenza verso il potere esecutivo, facilmente spiegabile attraverso gli eventi sfociati nella guerra di indipendenza. Ai loro occhi i governatori di Sua Maestà, gli organi esecutivi delle colonie, erano lo strumento di un «re tiranno». La causa rivoluzionaria era stata promossa e difesa dalle istituzioni parlamentari locali. Nelle costituzioni statali del 1776-77 quella diffidenza si tradusse in forme di governo a forte predominanza del potere legislativo, con un esecutivo eletto dalle assemblee per un tempo molto breve (ad esempio, solo un anno e non più di tre mandati consecutivi il governatore della Virginia) e strutturato anche come organo complesso (ad esempio, in Pennsylvania un presidente e un consiglio). Unica eccezione fu la Costituzione dello Stato di New York (governatore eletto dal popolo con mandato triennale e rieleggibile senza limiti).

Alla Convenzione del 1787 Madison denunciò «una potente tendenza del legislativo ad assorbire tutti i poteri nel suo vortice». Se l'esperienza degli Articoli di Confederazione aveva reso evidente la necessità di un organo esecutivo indipendente, dall'esperienza dei governi statali i costituenti trassero la lezione che era necessario «an energetic executive» (*Federalist* n. 70: «la forza dell'esecutivo è un elemento fondamentale del buon governo»). A questo fine un esecutivo monocratico avrebbe assicurato unità di indirizzo, rapidità decisionale e un chiaro meccanismo di *accountability*. Come afferma la prima frase dell'art. II della Costituzione: «del potere esecutivo è investito un presidente degli Stati Uniti d'America».

Una volta istituito l'esecutivo presidenziale, i costituenti inventarono un sistema di elezione che, secondo loro, non avrebbe permesso che la presidenza finisse nelle mani di «uomini non dotati in eminente grado delle qualità necessarie» (*Federalist* n. 68). Diedero per scontato che George Washington sarebbe stato il primo presidente. Quando venne poi eletto, Washington rifiutò qualsiasi titolo di stampo regale a favore del semplice *Mr. President*. Stabilirono un mandato di 4 anni, senza limiti alla rieleggibilità, ma con Washington e poi con Jefferson si affermò la consuetudine di non ricoprire la carica per più di due mandati. La consuetudine, rispettata da tutti i presidenti fino a F. D. Roosevelt, che venne eletto quattro volte fra 1932 e 1944, è diventata norma costituzionale con il XXII emendamento. Sono quindi otto anni: Bill Clinton e George W. Bush non possono più concorrere alla presidenza. I requisiti previsti dalla Costituzione sono: essere cittadini dalla nascita, aver compiuto 35 anni ed essere residenti negli Stati Uniti da 14 anni.

La forma di governo delineata dai costituenti è caratterizzata da due elementi fondamentali: la *separazione dei poteri* e i *checks and balances*. Definendo rigida, come solitamente si fa, la separazione dei poteri (intesi come poteri-organo), si vuol dire che nessuno dei due poteri può incidere sulla permanenza in carica dell'altro. Le scadenze elettorali sono prestabilite, la durata in carica è fissa. La stabilità è una caratteristica di sistema. La legislatura del Congresso non può essere interrotta anticipatamente. Il mandato del presidente non può essere accorciato, tranne nel caso estremo dell'*impeachment*: il Congresso può mettere in stato di accusa e processare il presidente (e, se condannato, destituirlo). Per evitare che tale potere, come nella storia inglese delle lotte fra Parlamento e

Corona, venisse usato quale arma politica, i costituenti lo circondarono di particolari precauzioni. Volevano che l'*impeachment* servisse a far valere una responsabilità penale, e non una responsabilità politica del presidente verso il Congresso. Soltanto due presidenti sono stati accusati e processati, a distanza di centotrenta anni. In entrambi i casi il processo si è concluso con l'assoluzione.

Anche se il presidente viene rimosso, oppure in caso di morte, dimissioni o impedimento, il mandato presidenziale in corso va avanti fino alla fine. Qui interviene la figura del vice presidente degli Stati Uniti, istituita dalla Costituzione per sostituire il presidente nei casi indicati. È successo otto volte in seguito alla sua morte, una volta per dimissioni. Quattro di essi vennero poi eletti per un mandato pieno, da ultimo Truman nel 1948 (subentrato a Roosevelt nel 1945) e Johnson nel 1966 (a Kennedy nel 1963). Entrambi scelsero di non ricandidarsi alla successiva elezione. Truman avrebbe potuto essere rieletto per altri 4 anni perché a lui non si applicava il XXII em.; Johnson avrebbe potuto essere rieletto anche in base all'emendamento essendo subentrato nel secondo biennio del mandato presidenziale.

Il XXV em. ha colmato una lacuna prevedendo la nomina di un nuovo vice presidente quando la carica diventa vacante (vice designato dal presidente e confermato da ciascuna camera). È successo due volte: nel 1973 con la nomina di Gerald Ford (a seguito delle dimissioni del vice di Nixon) e, quando Ford divenne presidente nel 1974 succedendo a Nixon dimissionario, con la nomina di Nelson Rockefeller, per cui furono contemporaneamente in carica un presidente e un vice presidente non eletti. Nello stesso emendamento sono definite le procedure per dichiarare l'impedimento del presidente (attestato dal presidente stesso oppure accertato dal vice presidente e dalla maggioranza dei ministri).

Se intesi come poteri-funzione, la separazione non è così rigida. Gli organi costituzionali agiscono nell'esercizio delle rispettive funzioni separatamente, ma nello stesso tempo interferiscono reciprocamente all'interno di un sistema di freni e contrappesi. Sono questi i *checks and balances* della Costituzione, un complesso di poteri attraverso i quali ciascun organo è in grado di controllare e condizionare l'altro. Mentre il principio della separazione sottolinea l'indipendenza di ciascun potere, sul piano sia elettorale sia istituzionale, il principio dei freni e contrappesi sottolinea l'esigenza di un equilibrio dei poteri, il «bilanciamento delle parti», e incentiva la collaborazione fra gli stessi.

La forma di governo degli Stati Uniti può dunque essere definita un sistema a poteri separati e bilanciati. È un «governo congressuale-presidenziale», il cui concreto funzionamento può essere descritto per fasi: fasi in cui è preminente il Congresso, fasi di preminenza del presidente, fasi di maggiore collaborazione o conflitto fra le due istituzioni governative. Per riprendere la fortunata espressione di uno dei più noti studiosi della presidenza, è un «governo di istituzioni separate che condividono poteri», e il potere presidenziale consiste nel «potere di persuadere», l'essenza della leadership presidenziale al di là delle attribuzioni formali, vale a dire il «potere di negoziare» (Neustadt). Negoziare (*bargain*) è il verbo che meglio descrive il processo decisionale in un sistema nel quale l'esecutivo e i due rami del legislativo hanno legittimazione elettorale indipendente, esprimono interessi e domande di differenti comunità di riferimento (*constituencies*), con prospettive elettorali a intervalli diversi, e sono istituzionalmente separati.

2. *Come è organizzata l'amministrazione federale*

In base al XX em., il presidente entra in carica il 20 gennaio dell'anno successivo all'elezione, il giorno della cerimonia di «inaugurazione» (anche quando inizia un secondo mandato). Davanti alla scalinata del Campidoglio il presidente presta il giuramento costituzionale, mano sinistra alzata e mano destra sulla Bibbia ripetendo le parole pronunciate dal giudice capo della Corte Suprema, e tiene il discorso inaugurale. Il tempo fra l'elezione di novembre e l'insediamento, la c.d. transizione, è impiegato dal presidente-eletto per formare la sua amministrazione. L'esecutivo federale (l'*amministrazione* appunto) è così organizzato: da una parte l'apparato della Casa Bianca, la presidenza; dall'altra, i singoli apparati amministrativi costituiti in dipartimenti e agenzie.

Le unità organizzative della presidenza sono incluse in una struttura chiamata Executive Office of the President (EOP), con uno staff di circa tremila persone e un bilancio di 730 milioni di dollari. L'ufficio esecutivo comprende innanzitutto la ristretta cerchia del presidente, a partire dal Chief of Staff, i suoi collaboratori personali (variamente denominati: assistenti, vice assistenti, assistenti speciali, consiglieri, consulenti ecc.), i quali costituiscono all'interno dell'Eop il White House Office. Oltre all'ufficio del capo dello staff, gli uffici di diretta collaborazione del presidente, fisicamente situati nell'ala ovest della Casa Bianca a pochi passi dalla stanza ovale, si occupano di: relazioni con i media (Press Secretary, che tiene il *briefing* quotidiano, e Communications Director); discorsi del presidente (Office of Speechwriting); relazioni pubbliche (Office of Public Liaison); rapporti con il Congresso (Office of Legislative Affairs); consulenza legale (Counsel's Office); e ancora, *scheduling*, viaggi, corrispondenza, iniziative della First Lady, gestione e personale, e così via.

All'interno dell'Eop vi sono poi organi preposti allo «sviluppo delle politiche pubbliche» (Domestic Policy Council e National Economic Council). Alcuni uffici sono istituiti per legge con compiti settoriali specifici, fra i quali: il Council of Economic Advisers, che presenta un rapporto economico annuale; il National Security Council, che si avvale di un ampio staff diretto dal consigliere per la sicurezza nazionale (ufficialmente Assistant to the President for National Security Affairs, uno dei collaboratori più vicini al presidente); l'Office of Management and Budget, che predispone il bilancio federale presentato ogni anno dal presidente al Congresso; l'Office of the Us Trade Representative, che rappresenta gli Stati Uniti nei negoziati commerciali.

Le principali unità amministrative, corrispondenti ai nostri ministeri, si chiamano «dipartimenti esecutivi». Seguendo l'ordine cronologico con cui sono stati istituiti dal Congresso, i dipartimenti sono oggi quindici: dipartimento di Stato (1789), cioè il ministero degli affari esteri; del Tesoro (1789), responsabile della politica economica e fiscale (ne fa parte l'Internal Revenue Service); della Difesa (1789 come dipartimento della Guerra, riorganizzato nel 1947-49); dell'Interno (1849), con competenze sulla gestione del territorio e dei parchi nazionali e sulle relazioni con le tribù indiane; della Giustizia (1870), di cui fanno parte la polizia federale (Federal Bureau of Investigation, Fbi) e lo Us Marshals Service; dell'Agricoltura (1862);

del Commercio e quello del Lavoro (1903 come unico dipartimento, divisi nel 1913); della Sanità e Servizi alla persona e quello dell'Istruzione (1953 come dipartimento della Sanità, Istruzione e Welfare, divisi nel 1979); della Casa e dello Sviluppo urbano (1965); dei Trasporti (1966); dell'Energia (1977); degli Affari dei Veterani (1989); della Sicurezza interna (2002), a seguito della riorganizzazione di governo post-11 settembre, il cui principale compito è «ridurre la vulnerabilità degli Stati Uniti al terrorismo».

L'organo di vertice di ogni dipartimento, corrispondente al nostro ministro, si chiama segretario (segretario di Stato, del Tesoro, della Difesa ecc.), tranne nel caso del ministro della Giustizia che ha il titolo significativo di procuratore generale (Attorney General), il cui ufficio precede la stessa istituzione del dipartimento (risale infatti al 1789). I quindici segretari partecipano alle riunioni del Cabinet, non previsto dalla Costituzione ma istituito fin dal primo presidente. Del gabinetto fanno parte anche il vice presidente e altri membri ai quali il presidente abbia attribuito rango ministeriale. Quando il gabinetto viene convocato, oggigiorno piuttosto di rado, al termine della riunione le porte della *cabinet room* alla Casa Bianca vengono aperte a televisioni e stampa e il presidente rilascia una breve dichiarazione. Non c'è comunicato scritto perché non ci sono deliberazioni collegiali da comunicare. Il gabinetto è semplicemente un organo consultivo del presidente.

Per tutte le altre unità amministrative viene usato il termine onnicomprensivo di «agenzia». Si distinguono agenzie istituite nell'ambito di singoli dipartimenti (ad esempio: la Federal Aviation Administration, che è parte dei Trasporti; la Federal Emergengy Management Agency, della Sicurezza interna; la Food and Drug Administration, della Sanità), e agenzie indipendenti, cioè non inserite in alcun dipartimento, da non confondere con le autorità indipendenti di regolazione (ad esempio: l'EPA, per la protezione ambientale; la NASA, per i programmi aerospaziali; l'USAID, per la cooperazione internazionale).

3. *Le nomine presidenziali*

Il potere di nomina delle cariche dell'amministrazione federale spetta al presidente in virtù dell'art. II sez. 2 c. 2, il quale prevede l'*advice and consent* del Senato. Le nomine proposte dal presidente devono essere approvate dal Senato e i nominati entrano in carica dopo aver ottenuto il voto di conferma (a maggioranza semplice). È fatta salva la facoltà del Congresso di attribuire la nomina delle cariche di grado inferiore al solo presidente, senza approvazione del Senato, o ai capi dei dipartimenti. La Costituzione non menziona il potere di revoca, ma l'interpretazione è sempre stata di ritenerlo implicito nelle funzioni di capo dell'esecutivo. Le persone nominate dal presidente, come si suol dire, «serve at his pleasure». Secondo il c.d. *Plum Book*, edito ogni quattro anni a cura del Congresso, nel quale sono elencate le «policy and supporting positions» dell'amministrazione, i posti ricoperti con nomina presidenziale sono: 128 nell'ambito dell'EOP, di cui solo una piccolissima parte con il consenso del Senato (solo i vertici di uffici istituiti per legge, ad esempio il direttore dell'OMB, in pratica il ministro del bilancio, esclusi quindi tutti gli assistenti e consiglieri personali, fra cui il consigliere per la sicurezza nazionale); 1457 nell'ambito di dipartimenti e agenzie, nonché autorità indipendenti, di cui più di mille con il consenso del Senato (dato 2004).

In tutta la storia sono stati soltanto nove i segretari di dipartimento respinti: gli ultimi due casi risalgono a presidenti repubblicani col Senato controllato dai democratici (Eisenhower nel 1959, Bush nel 1989). Vi sono stati altri casi in cui la nomina è stata ritirata prima del voto parlamentare (nel 1993 l'Attorney General proposto da Clinton dopo che si scoprì che aveva assunto una colf clandestina, problema che si è riproposto anche in seguito). Il principio alla base del «parere e consenso» è, in sostanza, il diritto del presidente di scegliere i suoi collaboratori di fiducia (i segretari sono responsabili soltanto verso il presidente). Ciò non esclude un esercizio vigoroso della funzione costituzionale attribuita al Senato. La persona designata deve comparire sotto giuramento davanti alla commissione competente per materia (*confirmation hearings*). Le audizioni per le nomine più importanti hanno sempre grande risalto.

In base all'art. II sez. 2 c. 3, il presidente può «ricoprire le cariche che si rendessero vacanti durante l'aggiornamento del Senato» (*recess appointment*). Questa norma permette di aggirare il procedimento di conferma, che può andare avanti per le lunghe o rimanere bloccato. Tutte le volte che il Senato sospende i lavori il presidente può farvi ricorso per qualsiasi carica che risulti in quel momento scoperta (anche se la vacanza precede la sospensione), insediando la persona prescelta senza attendere l'approvazione del Senato. È un potere ampiamente utilizzato da tutti i presidenti, ma la nomina è in questo caso solo temporanea (fino alla fine della sessione parlamentare successiva a quella in corso).

4. *Come è organizzato il Congresso*

Il Congresso, «investito di tutti i poteri legislativi», si compone della Camera dei rappresentanti e del Senato (art. I sez. 1). La base della rappresentanza in entrambe le Camere sono i singoli stati. Quando si fa il nome di un rappresentante o di un senatore è d'obbligo indicare il loro stato (si dice il tal rappresentante dell'Arizona, il tal senatore dell'Alaska...). Il bicameralismo è fondato su due diversi principi rappresentativi: in un ramo ciascuno stato è rappresentato in proporzione alla sua popolazione; nell'altro ramo ciascuno stato, dal più grande al più piccolo, è rappresentato paritariamente. Così, ad esempio, la California e il Wyoming, lo stato più popoloso e quello meno popoloso, hanno due senatori ciascuno, come tutti gli altri stati, mentre alla Camera eleggono, in base al censimento del 2000, rispettivamente 53 rappresentanti e un solo rappresentante.

I requisiti sono: essere residenti nello stato nel quale si viene eletti, aver compiuto 25 anni ed essere cittadini da 7 anni (i rappresentanti), aver compiuto 30 anni ed essere cittadini da 9 anni (i senatori). Ogni legislatura del Congresso ha durata biennale, con inizio il 3 gennaio di ogni anno dispari (2005-06 il 109° Congresso eletto nel 2004, 2007-08 il 110° Congresso eletto nel 2006 ecc.). La legislatura è divisa in due sessioni annuali, da gennaio a dicembre.

Le sezz. 5 e 6 dell'art. I stabiliscono una serie di norme relative all'organizzazione e al funzionamento delle Camere e allo status dei loro membri: verifica delle elezioni; numero legale; regolamenti parlamentari; sanzioni disciplinari per violazione dei codici etici e decadenza approvata a maggioranza di due terzi; verbali delle sedute; quorum per la richiesta di votazione nominale; aggiornamento dei lavori; indennità stabilita per legge; insindacabilità «per qualsiasi discorso e dibattito» (i membri del Congresso non sono invece immuni dall'arresto per nessun reato); divieto di ricoprire altre cariche.

La Camera dei rappresentanti è presieduta da uno Speaker eletto dall'assemblea, il Senato dal vice presidente degli Stati Uniti. La presidenza del Senato affidata al vice presidente, unica sua attribuzione costituzionale al di là dell'eventuale sostituzione del presidente, gli dà diritto di votare, ma soltanto in caso di parità. È il *tie-breaker*, necessario quando vuol far prevalere chi è a favore. In assenza del vice presidente, presente occasionalmente, la Costituzione prevede l'elezione di un presidente pro tempore (viene eletto il senatore della maggioranza con maggiore anzianità di servizio). Il presidente pro tempore non svolge un ruolo politico come quello dello Speaker, ruolo svolto al Senato dal Majority Leader (presidenza dell'assemblea a parte). Alla Camera lo Speaker è il presidente dell'assemblea e il numero uno della maggioranza, mentre il Majority Leader è il numero due. I leader di maggioranza o di minoranza, nonché i rispettivi *whips*, sono eletti dai gruppi parlamentari.

Le competenze sono distribuite fra numerose commissioni, a loro volta distribuite fra numerose sottocommissioni. Attualmente sono istituite 21 commissioni permanenti alla Camera e 18 al Senato. Il sistema delle commissioni si sviluppò fin dai primi Congressi, assunse poi dimensioni pletoriche, venne quindi razionalizzato con successive riforme a partire dal *Legislative Reorganization Act* del 1946. Questa legge, considerata l'inizio del «moderno Congresso», conteneva anche la prima disciplina federale dell'attività di lobbying (sostituita nel 1995 dal *Lobbying Disclosure Act*). La divisione maggioranza-minoranza determina i ruoli all'interno delle commissioni. Il presidente appartiene sempre alla maggioranza. L'anzianità rimane il fattore determinante, soprattutto al Senato, per l'assegnazione delle presidenze; alla Camera la regola è oggi meno rigidamente seguita e i membri più anziani vengono talvolta scavalcati. Le commissioni hanno funzioni legislative referenti, funzioni di informazione e controllo sull'attività dell'amministrazione (svolgono innumerevoli audizioni), e hanno incisivi poteri di inchiesta (possono emettere mandati di comparizione, ordinare la consegna di documenti, citare per oltraggio del Congresso, accordare l'immunità).

5. *Le differenze fra Camera e Senato*

Il Congresso è un modello di bicameralismo paritario e parzialmente differenziato. È paritario perché le due Camere esercitano collettivamente la funzione legislativa: un progetto di legge va approvato nello stesso testo da Camera e Senato (art. I sez. 7). È parzialmente differenziato perché la Costituzione attribuisce al Senato una specifica funzione chiamata di *advice and consent*: il «parere e consenso» del Senato è necessario, oltre che per confermare le nomine presidenziali, per ratificare i trattati internazionali (art. II sez. 2).

Il carattere paritario non è alterato dalla disposizione costituzionale in base alla quale l'iter dei progetti di legge in materia fiscale comincia alla Camera dei rappresentanti (disposizione che è applicata anche alle leggi finanziarie di cui all'art. I sez. 9 c. 7: «nessuna somma di denaro può essere prelevata dal Tesoro, se non in seguito a stanziamenti disposti per legge»). Il progetto che diventa legge è formalmente un atto della Camera. La stessa disposizione prevede che il Senato possa apportare tutte le modifiche che vuole. Niente impedisce al Senato di iniziare a discutere una legge finanziaria e predisporre un testo anche prima che la Camera abbia completato la sua versione, e quindi approvarlo come emendamento sostitutivo una volta ricevuto il testo della Camera. Come tutte le leggi, essa sarà definitivamente approvata solo col voto conforme di tutte e due le Camere.

Quando le Camere approvano testi diversi e nessuna accetta gli emendamenti dell'altra, l'iter prosegue con la convocazione di una commissione bicamerale di conciliazione (Conference Committee). A essa spetta appunto il compito di predisporre un nuovo testo che possa essere condiviso da entrambi i rami, in sedute pubbliche e in trattative lontano dai riflettori. La commissione ha pieni poteri legislativi: può riscrivere la legge non soltanto nelle parti difformi, ma anche modificare disposizioni approvate nel medesimo testo. Una volta raggiunto un accordo, l'iter si conclude con il voto finale della Camera e del Senato sul testo della commissione.

Distinte sono le funzioni svolte nella procedura di *impeachment*. La messa in stato di accusa spetta alla Camera dei rappresentanti. Possono essere perseguiti il presidente, il vice presidente e tutti i funzionari civili degli Stati Uniti, per tradimento, corruzione e «altri gravi crimini e misfatti». Al Senato spetta giudicare riunendosi in corte di giustizia. In caso di processo al presidente, il Senato è presieduto dal giudice capo della Corte Suprema. La condanna richiede il voto di due terzi dei presenti e comporta la rimozione dalla carica (ed eventualmente l'interdizione dai pubblici uffici), senza sostituire eventuali procedimenti nei tribunali ordinari. La procedura è stata utilizzata prevalentemente contro giudici federali (dodici casi su sedici).

Un'importante differenza esiste sul piano delle regole del gioco parlamentare. Alla Camera il regolamento prevede limiti ai tempi della discussione in aula (in genere, un'ora di dibattito, divisa fra maggioranza e minoranza, e singoli interventi di non più di cinque minuti o di un solo minuto), nonché limiti agli emendamenti (attinenti all'oggetto che si discute). Per i progetti di legge più importanti una commissione permanente (Rules Committee) propone «norme speciali», approvate a maggioranza, per organizzare l'esame, contingentare i tempi e selezionare gli emendamenti. Alla Camera non c'è dunque spazio per l'ostruzionismo. Al Senato non sono previste né norme generali né norme speciali. Il dibattito è virtualmente illimitato, gli emendamenti non hanno limiti di numero e contenuto. Il regolamento prevede una norma anti-ostruzionistica (*Rule 22*): si può presentare una mozione di chiusura che deve essere approvata da ben tre quinti dei senatori. Il fatto che l'ostruzionismo possa avere libero sfogo e sia difficile da fermare non si è mai tradotto, nella prassi, in un ricorso incontrollato all'ostruzionismo. Né esso assume le forme di una volta, le interminabili maratone oratorie in sedute diurne e notturne fino allo sfinimento. Se la maggioranza sa di non avere i 60 voti necessari per la chiusura della discussione, prende atto della dichiarata volontà ostruzionistica della minoranza e procede passando agli altri punti all'ordine del giorno (facendo decantare la proposta bloccata).

La differenza riflette le diverse dimensioni dei due rami. La Camera segue procedure più formalizzate (il suo regolamento è infatti molto più lungo). Quando il leader della maggioranza del Senato decide di inserire nel calendario dell'aula una determinata proposta, il dibattito può essere limitato previo accordo informale con la minoranza, sempreché nessun senatore abbia obiezioni. Deve esserci «consenso unanime». L'unanimità riflette la natura istituzionale di questo ramo, la camera degli stati basata sul principio della loro parità rappresentativa. Tutti gli stati sono uguali, tutti i senatori sono uguali. L'idea sottostante è che, limitando i diritti dei singoli senatori, si toglierebbe voce allo stato che rappresentano.

6. *La dinamica delle relazioni fra presidente e Congresso*

A fine gennaio-inizio febbraio di ogni anno il presidente si reca a Capitol Hill per pronunciare, davanti al Congresso in seduta comune, il «discorso sullo stato dell'Unione» (art. II sez. 3). È questa l'unica occasione ufficiale in cui presidente e Congresso si riuniscono insieme.

Il discorso è uno strumento di indirizzo politico. Serve al presidente per indicare le priorità dell'agenda legislativa. Al discorso segue pochi giorni dopo, non oltre il primo lunedì di febbraio, un fondamentale atto presidenziale: la presentazione al Congresso del progetto annuale di bilancio, che dovrà essere trasformato in legge con l'approvazione delle leggi di finanziamento dei diversi dipartimenti e agenzie dell'amministrazione (*Appropriations Acts*, la cui scadenza è il 1° ottobre, inizio dell'anno finanziario). Ciò che occorre chiedersi è quale sia il destino delle proposte del presidente una volta ascoltate e ricevute dal Congresso, l'organo costituzionalmente titolare della funzione legislativa e del potere della borsa.

In un sistema di governo separato la collaborazione interistituzionale si svolge secondo forme diverse da quelle del rapporto fiduciario, tipiche dei sistemi parlamentari nei quali l'esecutivo, espressione di una maggioranza parlamentare, si pone, per il tramite di quella, come guida politica del parlamento. La compenetrazione dei poteri che si realizza nei sistemi parlamentari, il governo-in-parlamento, è concetto diverso dal principio dei poteri condivisi. I *checks and balances*, combinati alla rigida separazione, mirano a bilanciare i poteri, non a fonderli. Nelle aule del Congresso non c'è il banco del governo, i membri dell'amministrazione partecipano ai lavori congressuali soltanto quando sono convocati dalle commissioni per audizioni o inchieste (i segretari dei dipartimenti sono presenti in aula solo in occasione del discorso sullo stato dell'Unione). Il presidente è il *party chief*; fa campagna elettorale per i candidati congressuali; partecipa a eventi di raccolta fondi per il partito.

Tuttavia, in un sistema di governo separato il presidente non è alla testa di una maggioranza parlamentare. Il presidente non può promettere che il Congresso approverà una certa legge, ma può solo promettere che premerà sul Congresso perché lo faccia. La lealtà al presidente è una variabile nei comportamenti di voto dei parlamentari, i quali non sono tenuti ad assecondarlo per disciplina di partito: questa, come norma vincolante, non esiste. Nel Congresso votare sia secondo linee partitiche sia trasversalmente è normale. Del resto, i parlamentari del partito presidenziale possono non essere la maggioranza: in quel caso il governo separato diventa un «governo diviso».

Tutto ciò appartiene alle caratteristiche della forma di governo, ed è un effetto degli stessi processi elettorali che esaltano la competizione fra singole individualità e trasformano i partiti in «organizzazioni di servizio», per i candidati selezionati dagli elettori attraverso le primarie (c.d. *candidate-centered politics*). A livello nazionale queste organizzazioni sono il Democratic National Committee e il Republican National Committee, nonché i due comitati democratici e quelli repubblicani per le campagne congressuali. I comitati nazionali, rappresentativi dei diversi partiti democratici e repubblicani statali, sono guidati da un presidente (*chairman*) con compiti di gestione organizzativa e raccolta fondi. La personalizzazione esalta il legame diretto dei singoli eletti con gli elettori del collegio. In tutto ciò il collegamento con il partito, cioè l'etichetta di democratico o repubblicano, non scompare; essa rimane un elemento importante in termini sia di identificazione elettorale sia di coesione parlamentare. Anche in un parlamento individualistico come il Congresso americano, in realtà, rappresentanti e senatori tendono a essere molto più coesi di quanto lasci immaginare il modello astratto. Sia che votino assieme alla maggioranza del proprio gruppo sia che votino contro, non è però questione di disciplina di partito e non esiste il voto in dissenso.

7. *Il presidente nel procedimento legislativo*

Il presidente «raccomanda alla considerazione del Congresso quelle misure che ritiene necessarie e opportune» (art. II sez. 3): è questo il potere di impulso. Non si può parlare di potere di iniziativa in senso formale: l'iniziativa legislativa appartiene soltanto ai membri del Congresso. Per trasmettere le sue proposte il presidente si serve dei messaggi alle Camere, le fa presentare a parlamentari del suo partito o dichiara il proprio appoggio a un progetto già depositato. Oltre che «raccomandare», al presidente spetta promulgare le leggi e può decidere di non farlo (art. I sez. 7): è questo il potere di veto. Tra l'impulso iniziale e l'eventuale veto finale, il presidente è in grado di influire nel corso dell'iter in vari modi e attraverso vari canali (consultazioni con la leadership congressuale, contatti diretti con singoli parlamentari, appelli pubblici). Quanto più forte è il potere di negoziazione del presidente, tanto più riuscirà ad attrarre il sostegno congressuale alle sue proposte. Lo stesso potere di veto non è soltanto uno strumento negativo, ma consente al presidente di condizionare il Congresso e far valere le posizioni dell'amministrazione prima che una legge arrivi sul suo tavolo.

Tutti gli atti legislativi approvati definitivamente dalle Camere sono trasmessi al presidente, il quale ha dieci giorni (domeniche escluse) per promulgarli. Per la promulgazione delle leggi più importanti la Casa Bianca organizza una cerimonia, alla presenza di membri del Congresso e altri invitati, e il momento della firma viene immortalato. Per altre leggi si limita a un comunicato stampa che annuncia l'avvenuta firma. In alcuni casi il presidente, pur promulgando, mette per iscritto le sue riserve o la sua interpretazione su certe norme. Se il presidente non intende promulgare, possono esserci due tipi di veto: il veto con rinvio e il «veto in tasca» (*pocket veto*). Il veto è su tutta la legge. Il *Line Item Veto Act* del 1996, che aveva attribuito al presidente un potere di veto parziale limitatamente a specifiche disposizioni finanziarie, è stato dichiarato incostituzionale dalla Corte Suprema nel 1998.

Quando una legge è rinviata con messaggio motivato alle Camere, queste possono sfidare il veto con una nuova votazione, ma per annullare il veto è richiesta una maggioranza di due terzi dei componenti in ciascuna camera. Porre il veto «mettendo in tasca» la legge vuol dire lasciar trascorrere i dieci giorni senza né firmare né rinviare, sapendo che in quel lasso di tempo il Congresso sospenderà l'attività. Se i dieci giorni scadono prima che avvenga una sospensione, la legge è automaticamente promulgata anche se il presidente non la firma; se la scadenza coincide invece con un periodo di sospensione, la mancata firma equivale a un veto, per di più un veto insuperabile perché alle Camere non viene restituito un testo da far rivotare e la legge decade. Come afferma la Costituzione, una legge non firmata è promulgata «a meno che il Congresso, aggiornandosi, non ne abbia impedito il rinvio». Su questa forma di veto è nato negli ultimi decenni un contenzioso fra Congresso e presidenza (la questione è se il *pocket veto* possa essere esercitato soltanto durante l'aggiornamento di fine legislatura o anche nel corso di una sessione e fra una sessione e l'altra).

Le statistiche dimostrano l'efficacia formidabile del potere di veto: su un totale di 2.551 veti, dei 1.490 veti con rinvio ne sono stati annullati 106. Ad esempio, il presidente Clinton rinviò trentasei leggi e soltanto due volte il Congresso riuscì a superare il veto, in ventitre casi non tentò nemmeno di sfidarlo. La sua efficacia non si misura soltanto dai numeri, ma per la sua forza deterrente. La minaccia può non sortire effetto, anche se il Congresso sa di non avere una maggioranza a prova di veto. Il più delle volte è sufficiente da sola a convincere il Congresso a venire incontro al presidente. George W. Bush ha fatto balenare la minaccia di veto in varie occasioni, ma non lo ha mai posto durante il primo mandato, come non accadeva da tempo immemore; lo ha posto la prima volta nel luglio 2006.

8. *L'evoluzione della forma di governo*

Il rafforzamento dell'esecutivo e l'ascesa della presidenza come motore centrale della forma di governo hanno caratterizzato il sistema costituzionale americano nel XX secolo. Tale sviluppo inizia con le presidenze di Theodore Roosevelt (1901-09) e Woodrow Wilson (1913-21) e giunge a maturazione negli anni Trenta con Franklin D. Roosevelt alla Casa Bianca.

La concezione della leadership presidenziale di T. Roosevelt e Wilson si distingueva da quella prevalente nell'Ottocento. Non un presidente subordinato alla volontà del Congresso che si prende cura, per usare un'espressione costituzionale, della «fedele esecuzione delle leggi», ma un presidente iniziatore e propulsore che si impegna a realizzare i programmi promessi agli elettori. Gli annuali messaggi presidenziali, da relazioni sull'attività dell'amministrazione, diventarono il veicolo per fare raccomandazioni al Congresso, per richiamare la sua attenzione sulle proposte del presidente, per esortarlo a trasformarle in legge. T. Roosevelt parlò della presidenza come di un «pulpito formidabile» (*bully pulpit*), evidenziando una dimensione destinata a essere esaltata nell'epoca dei mezzi di comunicazione di massa. Wilson innovò le consuetudini presidenziali presentandosi di persona davanti al Congresso per leggere il messaggio sullo stato dell'Unione.

Gli anni Trenta furono tempi eccezionali con una figura presidenziale eccezionale. Mentre in Europa continentale si era assistito al crollo delle democrazie e gli Stati Uniti erano sprofondati nella Grande Depressione e stavano cercando una via d'uscita dalla crisi, F.D. Roosevelt nel discorso di insediamento del 1933 affermò che «l'azione in questo quadro e a questo fine è possibile secondo la forma di governo che abbiamo ereditato dai nostri antenati», rispettando l'equilibrio fra esecutivo e legislativo, sebbene l'esigenza di interventi immediati avrebbe potuto imporre di «allontanarsi temporaneamente dal normale equilibrio». Il presidente disse di essere pronto a usare tutti i suoi poteri costituzionali per raccomandare tutte le misure necessarie e ottenerne la rapida adozione. Avvertì il Congresso di essere pronto anche a ricorrere a uno strumento eccezionale: la richiesta di «ampi poteri esecutivi per muovere guerra contro l'emergenza, tanto ampi quanto i poteri che sarebbero a me conferiti se fossimo invasi da un nemico straniero».

A quell'avvertimento non ci fu necessità di dar seguito perché il Congresso, da lui convocato in seduta straordinaria, sostenne l'iniziativa presidenziale e in cento giorni produsse la vastissima legislazione del primo New Deal. Roosevelt inaugurò un nuovo stile rivolgendosi periodicamente alla nazione attraverso il mezzo radiofonico (le famose chiacchierate al caminetto). Negli anni successivi sarebbe venuto un secondo New Deal, una nuova ondata di riforme che il presidente chiese e ottenne dal Congresso nel volgere di tre mesi, seguito da una rielezione travolgente. Non sarebbero mancate difficoltà nei rapporti con il Congresso, soprattutto durante il secondo mandato, ma quel che è certo è che il ruolo presidenziale era cambiato per sempre.

Con l'aumento delle responsabilità di direzione dell'amministrazione federale, connesso alla continua espansione dei suoi ambiti di intervento, si avviò un processo di «istituzionalizzazione» della presidenza. Ai nuovi compiti doveva corrispondere una nuova organizzazione (come allora si disse, «il presidente ha bisogno di aiuto»). Roosevelt propose una complessiva riforma dell'esecutivo, che il Congresso adottò in versione molto attenuata con il *Reorganization Act* del 1939. L'istituzione dell'Executive Office of the President è considerata l'inizio della «moderna presidenza».

La variabile della politica estera è naturalmente un fattore determinante che spiega l'ascesa della presidenza. Il ruolo degli Stati Uniti sulla scena internazionale, le responsabilità mondiali della superpotenza si immedesimano, se così si può dire, nella figura del presidente. Dopo la Prima Guerra mondiale e il ripiegamento su se stessi degli Stati Uniti, il «ritorno alla normalità» significò anche il ritorno alla centralità del Congresso. Dopo la Seconda Guerra mondiale tutti i presidenti, da Truman a Reagan, sono stati *cold warriors*, protagonisti della lunga Guerra fredda.

Lo sviluppo in senso presidenziale toccò l'apice negli anni Sessanta. Lyndon Johnson, che aveva alle spalle una consumata esperienza di leader congressuale, esercitò il potere di impulso raccomandando centinaia di proposte e ottenne grandi successi legislativi. Durante la presidenza Nixon il Congresso reagì al denunciato strapotere presidenziale. In questa ottica vanno letti vari provvedimenti di quel periodo, tutti diretti a riequilibrare i poteri arginando l'azione del presidente e rafforzando il controllo del Congresso: la riorganizzazione del legislativo (1970), la legge sui poteri di guerra (1973), la riforma del bilancio (1974), la previsione in numerose leggi della procedura di «veto legislativo» (cioè il potere delle Camere di annullare atti normativi delegati all'esecutivo).

Quando lo scandalo Watergate da «bizzarro incidente» arrivò a coinvolgere direttamente la Casa Bianca e il presidente in persona, la Camera dei rappresentanti decise di avviare la procedura di *impeachment*. Nel luglio 1974 la commissione giustizia approvò tre imputazioni per il tentato insabbiamento dello scandalo, accusando Nixon di azioni «sovversive dell'ordinamento costituzionale». Pochi giorni prima la Corte Suprema si era pronunciata d'urgenza sulla pretesa del presidente di invocare il «privilegio dell'esecutivo» per giustificare il rifiuto di consegnare prove documentarie all'autorità inquirente (i nastri con le conversazioni fra Nixon e suoi collaboratori). L'*executive privilege* è la facoltà del presidente di non rivelare informazioni, richieste da un altro potere, per esigenze di sicurezza nazionale o per tutelare il principio di confidenzialità. Nel caso *Us v. Nixon* (gli Stati Uniti contro l'allora presidente degli Stati Uniti) la Corte all'unanimità diede torto a Nixon (compresi tre giudici da lui nominati) e gli ordinò di produrre le registrazioni. Il 9 agosto 1974 Nixon si dimise.

L'eredità di Nixon continuò a pesare sul successore, Gerald Ford, che un mese dopo le dimissioni decise di accordare all'ex presidente una «grazia piena, libera e assoluta» per tutti i reati eventualmente commessi nel periodo in cui era rimasto in carica. La decisione segnò i due anni di presidenza di Ford, che nel 1976 venne sconfitto da Jimmy Carter. Dopo Carter, visto da molti come un presidente debole e sfortunato, travolto nelle elezioni del 1980, fu Ronald Reagan, il «grande comunicatore», a restituire sfarzo alla presidenza. Durante il secondo mandato un grave scandalo coinvolse l'amministrazione, pesantemente criticata nell'inchiesta parlamentare sull'affare Iran-Contra. Il successore di Reagan, il suo vice George H.W. Bush, raccolse i frutti della fine della Guerra fredda. In occasione delle elezioni del 1992 la politica internazionale sembrava non essere più una *issue*.

9. *Governo unificato e governo diviso*

L'evoluzione della forma di governo, in particolare a partire dal secondo dopoguerra, è stata contrassegnata per periodi frequenti da una situazione di *governo diviso*. Si ha governo diviso quando il presidente è di un partito e l'altro partito è maggioranza nel Congresso. Considerando i trenta Congressi eletti dal 1946 al 2004 (dall'80ª alla 109ª legislatura) si è avuto: governo diviso quattordici volte (28 anni), governo unificato dodici volte (24 anni), governo in parte diviso, cioè con una soltanto delle due Camere di opposto colore politico, tre volte (6 anni, a cui va aggiunta gran parte della 107ª legislatura iniziata come governo unificato). Il primo esempio di governo diviso si verificò con Truman presidente e un Congresso repubblicano nel 1947-48.

Tutti i presidenti repubblicani eletti dal 1952 al 1988 governarono senza una maggioranza congressuale del loro partito. Furono un'eccezione i primi due anni di Eisenhower, mentre Reagan si trovò sempre a fronteggiare una Camera democratica, ma per sei anni i repubblicani mantennero la maggioranza al Senato. L'elezione del democratico Clinton nel 1992, dopo dodici anni di governo diviso o semi-diviso, sancì il ritorno al governo unificato, ma durò soltanto per una legislatura. Nelle elezioni di medio termine del 1994 i repubblicani, per la prima volta dopo quarantadue anni, riconquistarono entrambe le Camere del Congresso. Il loro leader, Newt Gingrich, poi eletto Speaker, aveva ideato per la campagna elettorale il «contratto con l'America», un programma in dieci punti sottoscritto dalla maggior parte dei candidati repubblicani alla Camera che diventò l'agenda legislativa. Si aprì un periodo di aspra conflittualità politica, culminato nell'epico scontro sul bilancio nel 1995-96, con la «chiusura» di una parte dell'amministrazione senza più fondi in cassa, e poi nella messa in stato di accusa di Clinton nel 1998-99. Il compromesso *bipartisan* più importante fu la riforma del welfare nel 1996, proposta dai repubblicani, che ottenne il voto favorevole anche della metà dei rappresentanti e dei senatori democratici e che fu firmata da Clinton.

Le accuse contro il presidente, dopo infinite indagini su vari filoni condotte da un procuratore speciale, riguardarono lo scandalo Lewinsky. La relazione con una stagista della Casa Bianca era venuta alla luce a seguito di un'altra vicenda, una causa civile per molestie sessuali (la Corte Suprema dichiarò che il presidente non era né immune né improcedibile: *Clinton v. Paula Jones*, 1997). La Camera approvò due capi di accusa: spergiuro e intralcio alla giustizia. Peccati veniali relativi a fatti privati, non certo i «gravi crimini» della Costituzione, secondo i democratici. Secondo i repubblicani, violazioni tali da aver «minato l'integrità dell'ufficio, gettato discredito sulla presidenza, tradito la fiducia riposta in lui come presidente». Per la seconda volta nella storia, dopo quello ad Andrew Johnson nel 1868, nell'aula del Senato venne celebrato un processo contro il presidente degli Stati Uniti. Finì senza sorprese: Clinton fu giudicato non colpevole per entrambe le imputazioni grazie ai voti di tutti i democratici e di una decina di repubblicani.

Dopo la vittoria del 1994 i repubblicani si sono riconfermati in tutte le successive legislature (ma nel 1998 persero sorprendentemente diversi seggi e Gingrich si dimise). Dopo sei anni di governo diviso, con l'elezione di George W. Bush nel 2000 si è quindi tornati a un governo unificato. Peraltro la situazione al Senato era molto precaria: repubblicani e democratici risultavano divisi esattamente a metà, 50 a 50, e il vice presidente Cheney assicurava la maggioranza al partito del presidente; dopo sei mesi la defezione di un senatore repubblicano determinò un ribaltamento e per il resto della legislatura i democratici controllarono il Senato. Nelle elezioni di medio termine del 2002 il partito repubblicano ha conseguito un risultato storico aumentando i seggi sia alla Camera sia al Senato. Il governo unificato si è ulteriormente rafforzato nel 2004. Nelle ultime elezioni la tendenza è stata verso una polarizzazione sempre più netta, come mostrano i dati sul voto disgiunto la cui incidenza continua a diminuire. Nel 2004 soltanto in cinquantanove collegi hanno prevalso il candidato presidenziale repubblicano e il candidato alla Camera democratico o viceversa.

CAPITOLO SESTO

IL FEDERALISMO

1. *Governo federale e governi statali*

Il federalismo fu il contributo più originale dei Padri fondatori. La Costituzione si propose, come afferma il preambolo, di dare vita a una «più perfetta unione» fra gli Stati Uniti d'America. I costituenti partirono da questo punto: le evidenti imperfezioni degli Articoli di Confederazione e il loro superamento come necessità vitale per la preservazione stessa dell'Unione. Ecco perché usarono un aggettivo comparativo, «a more perfect union» rispetto alla lega di stati sovrani istituita dagli Articoli. Perfezionare l'Unione significò passare da un assetto di tipo confederale a un ordinamento federale a sovranità ripartita, di cui gli Stati Uniti costituirono il primo esempio. Un ordinamento nel quale il potere si distribuisce fra due livelli territoriali: il «governo degli Stati Uniti» che indichiamo con l'espressione *federal government* (ma nella Costituzione il termine *federale* non compare mai), cioè lo stato-apparato centrale, e i distinti soggetti statali che compongono l'Unione, gli *state governments*.

Conviene ricordare le caratteristiche degli Articoli di Confederazione. Innanzitutto, essi non avevano istituito un governo vero e proprio basato sul principio di separazione dei poteri, bensì un organismo comune fondato sul principio di uguaglianza sovrana di tutti gli stati membri (uno stato, un voto). L'autorità centrale aveva come destinatari gli stati, non direttamente i cittadini. Essa non si dimostrò tuttavia in grado di condizionarli efficacemente, sia perché i suoi poteri erano molto scarsi, sia perché le sue decisioni si risolvevano in pratica in raccomandazioni che gli stati potevano ignorare senza conseguenze. In altre parole, l'autorità centrale dipendeva quasi esclusivamente dal consenso degli stati, senza il quale non poteva funzionare. La Costituzione modificò tutto ciò. Lo fece istituendo un governo centrale a immagine dei governi statali, l'uno e gli altri operanti su uno stesso territorio entro diversi ambiti di competenza; attribuendo al governo centrale poteri di cui l'autorità confederale non disponeva, in particolare in materia di commercio interstatale, moneta e imposizione fiscale; affermando la supremazia del governo degli Stati Uniti sui singoli stati (la fondamentale disposizione dell'art. VI).

Il federalismo fu per i costituenti una soluzione di compromesso. Secondo le categorie del loro tempo *confederale* e *federale* avevano identico significato. Per riprendere l'esempio usato in un manuale di diritto costituzionale (Rossum-Tarr), erano termini interscambiabili come l'aggettivo «infiammabile» nella lingua inglese, *inflammable* o *flammable* con o senza il prefisso. Al sistema confederale o federale, di cui gli Articoli erano il modello, si contrapponeva la categoria dei sistemi unitari o nazionali. I costituenti definirono il nuovo sistema costituzionale «né nazionale né federale, ma una composizione di entrambi».

Madison analizzò il «vero carattere del governo» nel saggio n. 39 del *Federalist*, rispondendo alle critiche degli avversari della Costituzione di aver sacrificato la forma federale. Lo analizzò sotto cinque aspetti. L'ordinamento nasce «federale, non nazionale»: ai fini dell'adozione della Costituzione ciascuno stato è «un'entità sovrana, indipendente da tutte le altre, che si vincola solo con atto volontario». L'ordinamento è «in parte federale in parte nazionale» con riferimento al procedimento di formazione degli organi costituzionali del governo centrale. L'ordinamento è «nazionale, non federale» nel funzionamento dei poteri centrali: in un sistema federale i poteri sono esercitati sulle entità statali, in un sistema nazionale sui «singoli in veste individuale». L'ordinamento è «federale, non nazionale» nella delimitazione delle competenze: i poteri del governo centrale si estendono «soltanto ad alcuni oggetti enumerati» e lasciano ai diversi stati «una residua e inviolabile sovranità su tutti gli altri oggetti». Infine, l'ordinamento non è «né interamente federale né interamente nazionale» con riferimento al procedimento di revisione della Costituzione (che richiede l'approvazione degli stati in quanto tali, ma non la loro unanimità come negli Articoli). Quella di Madison è un'analisi classica del modo di identificare gli elementi alla base di un sistema federale e distinguere forme federali da forme che non possono essere definite veramente tali.

Per dare un nome all'inedito sistema composito o misto da loro ideato i costituenti non coniarono una nuova parola. Essi ricorsero a un termine familiare agli americani: federalismo. Della parola *federalismo* si appropriarono coloro che si battevano affinché la Costituzione venisse ratificata e l'esperienza degli Articoli di Confederazione venisse chiusa. Il documento elaborato a Filadelfia divenne così la «Costituzione federale». I sostenitori della Costituzione si chiamarono così «federalisti». Questo rovesciamento terminologico fu una mossa assai abile. Finì infatti per presentare come «antifederalisti» coloro che erano contro la ratifica della Costituzione, perché difendevano la sovranità degli stati secondo la concezione tradizionale del federalismo. Nella nuova accezione federalisti erano i fautori di un rafforzamento dei poteri del governo centrale.

2. *Le costituzioni degli stati*

La Convenzione del 1787 aveva la sua ragion d'essere nel «perfezionamento» dell'Unione. Ciò portò alla creazione del governo federale. Nello stesso tempo fu lasciato ampio spazio ai governi statali, lungi dall'essere cancellati come la polemica degli antifederalisti si spinse a sostenere. Elementi federali furono introdotti a livello degli organi del governo centrale: l'esempio più ovvio è il principio di parità rappresentativa degli stati nel Senato. Volendo descrivere a grandi linee gli ordinamenti costituzionali statali, occorre soffermarsi sui molti aspetti comuni a tutti gli stati e su alcune significative varianti.

Ognuno dei cinquanta stati ha una costituzione scritta. Dei tredici stati originari, gli unici che conservano la costituzione adottata in epoca rivoluzionaria sono il Massachusetts e il New Hampshire, con quella del Vermont le tre costituzioni settecentesche tuttora in vigore. Trenta costituzioni risalgono all'Ottocento, diciassette al secolo scorso (la più recente quella della Georgia del 1983). Trentuno stati hanno avuto più di una costituzione. In definitiva, si sono avute 142 costituzioni, quasi tutte approvate con il metodo della convenzione e della successiva ratifica popolare. Le stesse costituzioni distinguono la procedura di revisione totale dalla procedura di emendamento. La Costituzione della Florida (1968) prevede anche una revisione periodica, su proposta di una commissione appositamente istituita ogni venti anni.

Le costituzioni statali non sono esempi di brevità: il caso più clamoroso è la Costituzione dell'Alabama (1901), un testo stratificato di 18 articoli divisi in 287 sezioni e 772 emendamenti. Esse vengono modificate frequentemente. In Texas (1876), dove è in vigore la carta più lunga dopo quella citata, referendum costituzionali si tengono con cadenza biennale. In quasi tutte le costituzioni gli emendamenti entrano a far parte del corpo originario, modificandolo, anziché essere aggiunti alla fine del documento (fra le eccezioni, quella del Massachusetts del 1780 con un elenco di 120 emendamenti; una costituzione recente, quella del Connecticut del 1965, ha 30 emendamenti). Fra le materie costituzionali vanno ricordate l'istruzione, il sistema fiscale, il diritto societario. La lunghezza delle costituzioni ha una ragione storica: il ruolo degli stati è stato a lungo preponderante rispetto ai compiti del governo federale; basti pensare che ancora nell'Ottocento «la maggior parte dei cittadini poteva vivere la propria vita senza incontrare alcun funzionario federale ad eccezione del postino» (Griffin). In diversi stati, inoltre, è prevista, e viene frequentemente utilizzata, la possibilità di proporre iniziative popolari dirette per emendare la Costituzione. Ad esempio, in California, nel 2004, è stata approvata una iniziativa che ha aggiunto un nuovo articolo al testo costituzionale, il XXXV, in una materia nuova: la «ricerca medica» nel campo oggi tanto discusso delle cellule staminali e della medicina rigenerativa.

Le Costituzioni si aprono con un preambolo nel quale viene spesso evocato Dio (del tipo «noi, il popolo dello Stato, grati al Signore onnipotente [...]»). Il primo articolo reca la dichiarazione dei diritti. Tre distinti articoli sono dedicati a ciascuno dei tre poteri. Il principio di separazione, implicito nella struttura della Costituzione federale, trova espresso riconoscimento in molte carte statali (con formule del tipo «le funzioni di governo sono distribuite fra tre organi separati; nessun organo può esercitare alcun potere appartenente a un altro organo, tranne nei casi previsti dalla costituzione»).

3. *Le forme di governo statali*

Le forme di governo di tutti gli stati ricalcano il modello dei poteri separati e bilanciati. La «suprema autorità esecutiva» è conferita a un governatore eletto direttamente. La durata in carica è 4 anni (tranne in New Hampshire e Vermont, due anni). In trentasei stati è previsto il limite di mandato: il governatore non è più rieleggibile dopo due mandati, come il presidente, oppure non immediatamente rieleggibile dopo due mandati consecutivi (tranne in Virginia, un unico mandato). Nella maggioranza degli stati l'elezione del governatore è abbinata all'elezione congressuale di medio termine, un modo per favorire una maggiore partecipazione a quest'ultima. I due stati a scadenza biennale prevedono l'elezione negli anni pari. I cicli elettorali degli altri governatori coincidono con l'anno presidenziale (in nove stati) o con l'anno del *midterm* (in trentaquattro stati). Fanno eccezione cinque stati nei quali l'elezione è prevista in uno degli anni dispari (c.d. *off year election*): New Jersey e Virginia nell'anno successivo alle presidenziali; Kentucky, Louisiana e Mississippi nell'anno successivo al ciclo di mezzo.

Quasi tutti gli stati prevedono la figura del vice governatore, che è chiamato Lieutenant-Governor. Si danno due casi: vice governatore eletto nello stesso ticket ovvero eletto separatamente (quindi anche di un partito diverso da quello del governatore). Oltre al governatore e al vice, sono spesso eletti direttamente il Secretary of State, l'Attorney General, il Treasurer, l'Auditor o Comptroller, il Superintendent of Public Instruction, l'Insurance Commissioner, e altre cariche esecutive. Il gabinetto è un organo costituzionale con funzioni deliberative soltanto in Florida (composto da quattro membri, in caso di parità prevale il voto del governatore).

I parlamenti statali hanno il nome di Legislature o General Assembly (in Massachusetts e New Hampshire General Court, il nome storico dell'Assemblea dell'epoca coloniale). Sono tutti bicamerali tranne uno (in Nebraska il bicameralismo venne abolito nel 1934). Si compongono di una Camera dei rappresentanti, o Assemblea, e di un Senato. La Camera ha almeno il doppio dei componenti del Senato (in alcuni stati anche il triplo o il quadruplo). Sommando rappresentanti e senatori, a parte il caso del New Hampshire (424 parlamentari), si va da un massimo di 253 (Pennsylvania) a un minimo di 60 (Alaska). Sommati tutti: 5.411 rappresentanti e 1.971 senatori, con i 49 del parlamento monocamerale un totale di 7.382 parlamentari statali.

I parlamenti sono eletti in genere con sistema maggioritario in collegi uninominali, ma vi sono casi di elezione in collegi plurinominali. Ad esempio, in New Jersey i collegi sono 40, corrispondenti al numero dei senatori, mentre i rappresentanti sono 80, per cui ciascun collegio elegge un senatore e due rappresentanti. Limiti ai mandati parlamentari sono previsti in una quindicina di stati. Ad esempio, in California gli 80 membri dell'Assemblea sono rieleggibili per non più di tre mandati biennali, i 40 membri del Senato per non più di due mandati quadriennali. I cicli elettorali dei parlamenti sono di cinque tipi: durata di 2 anni per entrambe le Camere (in dodici stati); durata di 4 anni per entrambe le Camere (in quattro stati); 2 anni la Camera e 4 anni il Senato, rinnovati integralmente (in sette stati); 2 anni la Camera, 4 anni il Senato rinnovato per metà ogni biennio (in ventisei stati); 4 anni sia la Camera sia il Senato, con mandato scaglionato in entrambi i rami ogni biennio (in uno stato).

Le elezioni dei governatori e dei parlamenti hanno naturalmente anche una valenza nazionale. A ogni ciclo elettorale si fa il conto dei governatori democratici e di quelli repubblicani, dei parlamenti a maggioranza democratica e di quelli a maggioranza repubblicana, ovvero dei parlamenti a maggioranza divisa. La carica di governatore rappresenta un ottimo trampolino di lancio per la corsa alla presidenza degli Stati Uniti (da ultimo Bill Clinton e George W. Bush, che erano governatori rispettivamente in Arkansas e in Texas). Governatori e parlamenti hanno i loro organismi associativi: National Governors Association e National Conference of State Legislatures.

Istituti di democrazia diretta sono previsti in diversi stati: l'iniziativa, il referendum e il *recall*. Questi istituti vennero introdotti fra fine Ottocento e inizi Novecento in epoca progressista, ispirandosi alla Costituzione svizzera del 1848.

L'iniziativa consiste nella proposta popolare di un progetto legislativo, o un emendamento costituzionale o una legge ordinaria, e si distingue in iniziativa diretta e iniziativa indiretta. Ventiquattro stati prevedono l'iniziativa in una o l'altra di queste forme. La proposta sottoscritta su *iniziativa diretta* di un certo numero di elettori (ad esempio, in California l'8% di quanti hanno votato nell'ultima elezione del governatore per le proposte costituzionali, il 5% per quelle ordinarie) è immediatamente sottoposta al voto popolare. Essa viene molto utilizzata, oltre che in California, in Arizona, Colorado, Nord Dakota, Oregon. L'*iniziativa indiretta*, sempre promossa dal basso, è invece inizialmente rivolta alle assemblee: solo se queste non la prendono in considerazione sarà poi rimessa al corpo elettorale. Se il parlamento approva l'iniziativa in una versione modificata, sostanzialmente diversa dalla proposta popolare, il testo parlamentare verrà allora sottoposto agli elettori alternativamente a quella (due quesiti: lasciare le cose come stanno o cambiarle, e quindi scegliere fra i due progetti). Essa viene utilizzata soprattutto in Maine e Massachusetts.

Gli oggetti delle iniziative spaziano su ogni tema immaginabile, spesso con grossi costi per i bilanci statali: tasse (per aumentarle o per ridurle), istruzione, sanità, ambiente, gioco d'azzardo, droga, controllo delle armi, diritti degli animali, immigrazione, temi etico-sociali come aborto, suicidio assistito, matrimonio e così via. Nell'ultimo secolo le iniziative votate sono state più di duemila. Il loro numero è fortemente cresciuto negli ultimi tre decenni, a partire dalla famosa proposta 13 (*People's Initiative to Limit Property Taxation*) approvata dagli elettori californiani nel 1978. In alcuni stati sono previsti vincoli, in caso di approvazione di una iniziativa, all'esercizio parlamentare della potestà legislativa. In California, ad esempio, una legge di iniziativa popolare può essere emendata o abrogata dal parlamento solo se essa stessa lo prevede ovvero con l'approvazione del corpo elettorale.

Il referendum è uno strumento diverso. Si distingue fra *referendum popolare*, promosso dai cittadini per chiedere l'abrogazione di una legge (in ventiquattro stati), e *referendum legislativo*, per approvare un emendamento costituzionale (in tutti gli stati, tranne il Delaware, le modifiche alla Costituzione approvate dal parlamento sono sottoposte a referendum obbligatorio) o una legge (il referendum è facoltativo ed è il parlamento che lo indice: in ventitre stati).

Il *recall* è la revoca popolare di titolari di cariche esecutive, legislative o giudiziarie (in diciotto stati). Se un certo numero di elettori sottoscrive la proposta di revoca (ad esempio, in California servono le firme del 12% dei votanti all'ultima elezione della carica di cui si chiede la rimozione), essa viene sottoposta al voto. È quello che successe nel 2003 proprio in California con una petizione per rimuovere il governatore: la maggioranza dei votanti approvò la revoca e contemporaneamente elesse un nuovo governatore (Arnold Schwarzenegger).

4. *La ripartizione delle competenze legislative*

La Costituzione accoglie un principio cardine del federalismo. In un sistema federale le competenze legislative sono di due tipi: enumerate e residue. Le prime spettano al governo centrale, e sono quelle elencate nell'art. I sez. 8 («il Congresso ha le seguenti attribuzioni [...]»). Tutte le altre, non comprese nella enumerazione, spettano ai soggetti periferici, come afferma il X emendamento, salvo le limitazioni previste nell'art. 1 sez. 10 («nessuno stato può [...]» ovvero «senza il consenso del Congresso, nessuno stato può [...]»).

Leggendo l'elenco della sez. 8 vi si trovano ovviamente formule superate ed espressioni arcaiche, ma anche materie sorprendentemente moderne (un esempio illuminante: la «promozione della scienza e delle arti utili» attraverso la tutela della proprietà intellettuale sulle opere d'ingegno e le invenzioni). Quali sono dunque le competenze attribuite al Congresso? L'elenco tratta nel seguente ordine: la finanza federale, rispettivamente «imporre e riscuotere tasse, tributi, imposte, dazi, per pagare i debiti e provvedere alla difesa comune e al benessere generale degli Stati Uniti» (c. 1) e «contrarre prestiti» (c. 2); il commercio con l'estero e il commercio interno fra i diversi stati e con le tribù indiane (c. 3); le norme in materia di «naturalizzazione», il diritto fallimentare (c. 4); la moneta, i pesi e le misure (c. 5); la contraffazione di valuta e di titoli (c. 6); il servizio postale (c. 7); il diritto d'autore e il brevetto (c. 8); l'ordinamento giudiziario federale (c. 9); la pirateria marittima e le «offese contro il diritto delle genti» (c. 10); la guerra (c. 11); le forze armate e i codici militari (cc. da 12 a 16); la legislazione riguardante il distretto della capitale federale e le aree acquisite dal governo federale «per la costruzione di forti, depositi, arsenali, cantieri e altri edifici necessari» (c. 17).

Fra tutte le attribuzioni elencate, quelle cruciali sono la *Taxing and Spending Clause* del primo comma e la *Commerce Clause* del terzo comma: esse sono le basi fondamentali, estensivamente interpretate, per l'esercizio della potestà legislativa federale. Fondamentale è poi la norma di chiusura della sez. 8: *Necessary and Proper Clause*, in base alla quale il Congresso può «fare tutte le leggi che sono *necessarie* e *opportune* per esercitare i poteri predetti e tutti gli altri poteri conferiti dalla Costituzione al governo degli Stati Uniti» (c. 18). All'elenco va aggiunta la clausola finale contenuta in vari emendamenti (XIII, XIV e XV, nonché XIX, XXIII, XXIV e XXVI): al Congresso è attribuito il potere di applicare quelle previsioni costituzionali «tramite la legislazione appropriata» (*Enforcement Clause*).

Le attribuzioni statali sono tutte quelle «non demandate dalla Costituzione agli Stati Uniti o da essa non vietate agli stati» (X em.). Questa disposizione, richiesta da alcune convenzioni statali al momento della ratifica della Costituzione, non aggiunse nulla all'originario disegno costituzionale; servì solo a specificare la distinzione fra «delegated powers» e «reserved powers». Le attribuzioni vietate agli stati, di cui alla sez. 10 dell'art. I, riguardano in particolare i rapporti internazionali, la difesa e le forze armate, la moneta, i dazi di importazione o esportazione. L'insieme delle attribuzioni riservate agli stati viene chiamato in dottrina e in giurisprudenza *police power* a competenza generale. La parola *police* significa «disciplina e controllo degli affari di una comunità, in particolare con riferimento al mantenimento dell'ordine, della legge, della salute, della moralità, della sicurezza, e altre materie riguardanti il benessere pubblico». In altre parole, ogni stato ha un proprio ordinamento penale (si possono avere, ad esempio, stati che prevedono la pena di morte e stati che non la prevedono). Ogni stato ha un proprio ordinamento civile. Il diritto privato appartiene agli stati in tutti i diversi campi (proprietà, contratti, illeciti civili, diritto di famiglia e così via: si possono avere, ad esempio, stati che ammettono i matrimoni o le unioni civili fra persone dello stesso sesso e stati che non li ammettono). Come spesso si dice, sperimentando politiche innovative in un campo o nell'altro, gli stati «funzionano da laboratori». Ogni stato è dotato di un proprio apparato di prevenzione e repressione (State Police o Highway Patrol, ma la sicurezza pubblica è compito primariamente delle polizie locali), di un proprio ordinamento giudiziario, di proprie istituzioni penitenziarie.

Significativamente il X em. non usa l'avverbio «espressamente», come invece negli Articoli di Confederazione, per delimitare le competenze del governo federale. Le attribuzioni federali includono anche «poteri impliciti» (*implied powers*), quelli previsti dall'ultimo comma della sez. 8. L'interpretazione di tale comma rimane scolpita nelle parole scritte dal giudice John Marshall nel 1819 (sentenza *McCulloch* sulla legittimità costituzionale di istituire una banca centrale). Partendo dalla premessa del «riproporsi senza fine» della questione di come le competenze siano effettivamente ripartite, Marshall affermò che era un controsenso interpretare una disposizione come quella delle «leggi necessarie e opportune» nel senso di restringere i margini di azione del Congresso (intendendo «necessario» solo come assolutamente indispensabile). Concluse con le parole famose: «se il fine è legittimo, se rientra nell'ambito della Costituzione, tutti i mezzi appropriati, pienamente adeguati a quel fine, non vietati ma conformi alla lettera e allo spirito della Costituzione, sono costituzionali».

5. *L'evoluzione del sistema federale*

La concezione dei costituenti sul concreto ruolo spettante agli attori del sistema federale venne così sintetizzata nel *Federalist* (n. 45): le attribuzioni del governo centrale sono «poche e definite» e sono esercitate «principalmente su oggetti riguardanti le relazioni esterne»; le attribuzioni dei governi statali sono «numerose e indefinite» e si estendono «a tutti gli oggetti che, nel corso normale degli eventi, riguardano la vita, la libertà e la proprietà dei cittadini, l'ordine interno, lo sviluppo e la prosperità degli stati». Più di duecento anni di storia costituzionale, fermo restando il principio basilare della distinzione fra competenze enumerate e competenze residue, hanno profondamente cambiato dinamiche ed equilibri all'interno della struttura federale. Dello sviluppo del federalismo nel XX secolo, in una direzione diversa dal federalismo ottocentesco, ha per così dire beneficiato il centro del sistema. La tendenza è stata verso una continua espansione a tutto campo di compiti e responsabilità del governo federale.

Gli storici delle istituzioni parlano di evoluzione da un federalismo di tipo *duale*, prevalente nel XIX secolo, a un federalismo di tipo *cooperativo*, individuando il passaggio decisivo negli anni Trenta del Novecento. Per descrivere i due federalismi viene usata l'immagine di una torta. Il federalismo duale, descritto come una *layer cake*, presuppone una chiara e netta separazione di competenze; mette in primo piano i compiti affidati agli stati e li protegge da indebite invasioni del governo federale; interpreta in modo restrittivo le attribuzioni enumerate ed enfatizza i limiti derivanti dal X emendamento. Il federalismo cooperativo, descritto come una *marble cake*, affida nuovi compiti al governo federale, anche in materie che secondo la teoria dualista non ammettono intromissioni, creando così una giustapposizione di competenze in svariati ambiti; fonda l'accresciuto ruolo federale su interpretazioni estensive delle attribuzioni enumerate e riduce il X emendamento a semplice ovvietà.

L'interventismo federale cominciò a farsi strada verso la fine dell'Ottocento. Di fronte a una realtà socioeconomica in accelerata trasformazione, il governo federale si trasformò in un moderno stato regolatore e in un moderno stato amministrativo. Nel 1883 il *Civil Service Act* istituì una burocrazia federale professionale, svincolata dal c.d. sistema delle spoglie. Due leggi importantissime furono l'*Interstate Commerce Act* del 1887, una regolamentazione delle tariffe ferroviarie per il trasporto merci, e lo *Sherman Act*, una disciplina antitrust che gli Stati Uniti adottarono fin dal 1890. Fondamento costituzionale dell'intervento legislativo era il c. 3 della sez. 8, la *Commerce Clause*, la cui effettiva portata veniva per la prima volta esplorata al di là delle sue implicazioni negative (cioè come divieto per gli stati di porre ostacoli al mercato interno). La legge del 1887 istituì la Interstate Commerce Commission, primo esempio di autorità indipendente che sarà poi seguito in molti settori, dalla tutela della concorrenza (Federal Trade Commission, istituita nel 1914) alla garanzia delle comunicazioni e al controllo su titoli e borsa (Federal Communications Commission e Securities and Exchange Commission, istituite nel 1934).

Entrambe le leggi furono potenziate dalle riforme progressiste agli inizi del Novecento. Del 1914 è la riforma bancaria che istituì il sistema della Federal Reserve, il cui consiglio di governatori svolge le funzioni di banca centrale. Di quegli anni sono anche i primi interventi a favore degli stati tramite trasferimenti dal bilancio federale: i c.d. *grants-in-aid*, con fondi destinati all'agricoltura, alla costruzione di strade, all'istruzione professionale, all'assistenza materna e infantile. Sotto l'aspetto finanziario il 1913 è una data spartiacque. La ratifica del XVI emendamento garantì al Congresso la leva fiscale di cui aveva bisogno per allargare la sfera d'azione: la tassazione dei redditi derivanti da qualsiasi fonte. Nell'arco di una quindicina d'anni le imposte sui redditi arrivarono a costituire tre quinti del totale delle entrate federali.

L'interventismo federale raggiunse dimensioni notevoli con il New Deal rooseveltiano. La Grande Depressione richiese una risposta nazionale che si tradusse in molteplici interventi per la ripresa economica, la stabilizzazione dei prezzi, il controllo dei salari, la tutela del risparmio, la lotta alla disoccupazione, la regolamentazione dei conflitti industriali. Oltre che stato regolatore e finanziatore, il governo federale sviluppò un modello di *welfare state*. Alcune misure ebbero carattere emergenziale. Molte altre furono riforme strutturali che il New Deal lasciò in eredità e che sono rimaste conquiste irrinunciabili, come ad esempio il sistema di previdenza e assistenza istituito dal *Social Security Act* del 1935.

Negli anni Sessanta le riforme realizzate dalla presidenza Johnson, con la legislazione della Great Society, furono il momento di massima espansione dell'interventismo del governo federale. I suoi compiti si estesero all'assistenza sanitaria, all'assistenza alimentare, all'istruzione elementare e secondaria e all'istruzione superiore, all'assistenza prescolastica, alle politiche sulla casa e le aree urbane, con una moltiplicazione dei trasferimenti ai governi statali e locali.

Indicatori dell'ingrandimento a livello federale sono stati l'aumento della spesa in rapporto al prodotto interno lordo e la crescita burocratica. Agli inizi degli anni Trenta la spesa federale era di poco superiore al 3%; alla fine del decennio superava il 10%, prima della guerra che la fece salire oltre il 40%. Nell'immediato dopoguerra la spesa è scesa, ma senza tornare più ai livelli precedenti, fino al 14% nel 1949. È poi risalita ed è sempre rimasta intorno al 20%. È cambiata la composizione della spesa con l'aumento dei capitoli di *mandatory spending*, cioè la spesa sociale soprattutto per pensioni e sanità che ha in gran parte determinato l'aumento della spesa federale complessiva negli ultimi quarant'anni. L'amministrazione federale (escluso il servizio postale), che nel 1940 contava 699 mila dipendenti, nella seconda metà dello scorso secolo è triplicata (oggi i dipendenti federali sono poco meno di 2 milioni).

L'espressione «nuovo federalismo» è stata usata negli ultimi decenni da coloro che, criticando l'eccessiva presenza e l'eccesso di regolamentazione del governo federale, hanno proposto un'inversione di tendenza: ridimensionamento del *big government* federale, devoluzione di funzioni agli stati, competizione orizzontale. Le tesi neo-federaliste hanno ispirato negli anni Ottanta l'amministrazione Reagan e negli anni Novanta il Congresso a maggioranza repubblicana. Si è anche parlato di «giurisprudenza neo-federalista» per la Corte Suprema guidata da William Rehnquist (1986-2005).

6. *Il potere legislativo del Congresso in base alla «Commerce Clause»*

Sull'interpretazione della *Commerce Clause*, in senso più restrittivo o più estensivo, la Corte Suprema ha vissuto nella prima metà del XX secolo un lungo e difficile travaglio. Che significato ha la parola «commercio»? Quali attività abbraccia? Fin dove può spingersi il Congresso, in quali ambiti e a quali scopi? L'interpretazione estensiva, dopo che la Corte ebbe abbandonato la dottrina del federalismo duale, ha permesso al governo federale di intervenire su tantissimi aspetti della vita economica e sociale.

L'esempio più celebre di applicazione della teoria dualista è il caso del 1918 sul lavoro minorile. Il Congresso non aveva vietato il lavoro minorile; aveva invece vietato la circolazione interstatale di merci prodotte con manodopera di minori. Lo stesso schema normativo era già stato utilizzato per colpire altri traffici «dannosi» o «immorali», ma questa volta la Corte considerò illegittimo il ricorso alla *Commerce Clause*. Sostenne che il Congresso non poteva ricorrere a essa per invadere surrettiziamente una materia riservata agli stati. In altre sentenze la Corte elaborò una distinzione fra commercio e produzione: fra attività (interstatali) di scambio e compravendita, da una parte, e tutto ciò che le precede ed è preliminare alla transazione commerciale, dall'altra. Le attività (intrastatali) manifatturiere, agricole, minerarie e produttive in genere, nonché le relazioni industriali, restavano quindi escluse dalla sfera congressuale.

Di tutto questo armamentario si servì la Corte Suprema nel 1935-36 per far cadere i capisaldi del primo New Deal. I giudici sostennero che era in gioco «la conservazione del nostro sistema costituzionale, altrimenti non ci sarebbe virtualmente alcun limite al potere federale e a tutti gli effetti potremmo avere un governo completamente centralizzato». Nel 1937 la Corte cambiò giurisprudenza in modo repentino e clamoroso. La svolta venne con la decisione *Nlrb v. Jones & Laughlin*, che confermò la legge del 1935 sulla rappresentanza sindacale e la contrattazione collettiva («commercio» include tutte le transazioni e attività intrastatali che «influiscono sul commercio» fra gli stati). La chiusura del cerchio fu la sentenza *Us v. Darby* del 1941: venne dichiarata costituzionalmente legittima la legge del 1938 che aveva reintrodotto il divieto sulle merci prodotte da lavoro minorile, nonché su quelle prodotte in violazione delle norme federali sul salario minimo e l'orario massimo di lavoro. La Corte annullò il precedente del 1918 e tornò alla *Commerce Clause* come originariamente interpretata da John Marshall: una interpretazione formulata negli anni Venti dell'Ottocento, ma aperta e perfettamente adattabile al progresso tecnologico dei mezzi di trasporto e di comunicazione, alla trasformazione industriale dell'economia, a uno sviluppo dell'economia nazionale basato su relazioni sempre più strette di interdipendenza. La Corte fece quasi atto di sottomissione arrivando ad affermare che «il motivo e lo scopo di una disciplina del commercio interstatale sono questioni rimesse alla discrezionalità del legislatore, sul cui esercizio la Costituzione non pone limitazioni e sopra il quale le corti non hanno alcun controllo». La decisione *Wickard v. Filburn* del 1942 incluse, fra le attività regolabili, anche attività puramente locali di per sé di scarsa o nulla incidenza sul commercio interstatale, ma con un potenziale effetto se ripetute su larga scala (c.d. effetto cumulativo o aggregato).

L'elasticità della *Commerce Clause* è stata successivamente confermata da molti esempi. Il Congresso ha utilizzato il «nesso commerciale» per finalità diverse dalla regolamentazione economica: ad esempio, per la repressione di fenomeni criminali (molteplici fattispecie di reato federale definite nello *Us Code* come reati «commessi nel o aventi effetti sul commercio interstatale»: furti d'auto, rapimenti, racket, usura ecc.); la tutela dei diritti civili (la legge contro la discriminazione razziale nei pubblici esercizi); la protezione dell'ambiente (leggi come il *Clean Air Act*, il *Clean Water Act*, l'*Endangered Species Act*).

In una decisione del 1995 (sentenza Lopez) la Corte Suprema dichiarò incostituzionale una legge federale per violazione della competenza sul commercio interstatale. Il Congresso aveva ecceduto la sua sfera di attribuzioni, questa fu la motivazione, avendo legiferato su un oggetto che non aveva «nulla a che vedere con il "commercio" o qualche tipo di iniziativa economica» (si trattava di norme penali contro il possesso di armi da fuoco nelle vicinanze delle scuole: motivazione usata di nuovo in una sentenza del 2000 per invalidare una legge sulle violenze a sfondo sessuale). Anche se presa a stretta maggioranza e senza mutare alcun precedente, la decisione fece scalpore perché fu la prima pronuncia di incostituzionalità in quasi sessant'anni avente come parametro la *Commerce Clause*. Questa sentenza è stata un monito al Congresso a non oltrepassare i limiti stabiliti dal principio dei poteri enumerati e a distinguere «ciò che è davvero nazionale e ciò che è davvero locale».

7. *Il federalismo fiscale*

In base al primo comma della sez. 8, il Congresso può usare l'imposizione fiscale «per provvedere al benessere generale degli Stati Uniti» (*Welfare Clause*). Per provvedere al benessere generale il Congresso istituì nel 1935 un sistema previdenziale di tipo contributivo e altre forme di assistenza. Trent'anni dopo la legge venne emendata introducendo l'assicurazione *Medicare* per l'assistenza sanitaria agli anziani, finanziata in parte da prelievi contributivi (pari al 2,9% che si aggiunge al 12,4% per il trattamento pensionistico, nel caso di lavoro dipendente divisi a metà fra datore e lavoratore), in parte dalla fiscalità generale. La riforma del 1965 istituì inoltre il programma *Medicaid* per l'assistenza sanitaria ai poveri, finanziato congiuntamente dal governo federale e dagli stati e amministrato autonomamente da ciascuno stato. La copertura sanitaria per i redditi bassi è stata estesa nel 1997 con l'istituzione dello *State Children's Insurance Program*.

Per provvedere al benessere generale il Congresso si serve dello strumento dei *grants-in-aid*. Il meccanismo consiste nel trasferimento di finanziamenti federali a stati ed enti locali per l'attuazione di specifici programmi o con vincolo di destinazione in determinate aree funzionali. Stabilendo indirizzi e criteri e vincolando i trasferimenti a «condizioni di aiuto» più o meno stringenti, il governo federale è in grado, indirettamente attraverso la leva finanziaria, di perseguire politiche nazionali anche in ambiti che non rientrerebbero nella sua sfera. Gli ambiti di intervento sono innumerevoli e coinvolgono tutti i settori dell'amministrazione federale (come elencati nel *Catalog of Federal Domestic Assistance*). Le attribuzioni del Congresso in materia di tassazione e di spesa riguardano appunto il *general welfare*.

L'esempio più spesso citato di trasferimenti condizionati è quello sui fondi per lavori stradali. La Corte Suprema ebbe modo di pronunciarsi in una sentenza del 1987 sulla costituzionalità di una delle condizioni apposte dalla legge federale: la fissazione del limite di 21 anni per l'acquisto di bevande alcoliche. Gli stati che prevedevano un'età inferiore avrebbero dovuto modificare le loro leggi per poter continuare a ricevere i finanziamenti. Tutti gli stati si adeguarono rapidamente. Anche ammettendo che il Congresso non disponga del potere di stabilire un tale limite con norma federale direttamente applicabile, la Corte considerò legittimo un siffatto esercizio del potere di spesa, dato che è il singolo stato a scegliere se accedere o meno ai fondi, alle condizioni che a essi si accompagnano. Recentemente il Congresso ha stabilito come ulteriore condizione l'adozione di un tasso alcolico per la guida in stato di ebbrezza (limite massimo di 0,08), che è stato poi adottato da tutti gli stati.

L'espansione degli aiuti finanziari non si è in pratica mai arrestata. Cresciuti gradualmente nei primi decenni del dopoguerra, sono esplosi nella seconda metà degli anni Sessanta. Oggi i trasferimenti agli stati e agli enti locali costituiscono il 17% delle intere uscite federali. Negli ultimi decenni è aumentato il ricorso ai c.d. *block grants* con minori vincoli federali, secondo una tendenza neo-federalista (ad esempio, i finanziamenti in blocco per l'«assistenza temporanea alle famiglie bisognose», uno dei cardini della riforma del welfare di cui al *Personal Responsability and Work Opportunity Act* del 1996).

Nel 2005 le entrate fiscali degli stati sono ammontate a 648,6 miliardi di dollari: il 48% derivanti da imposte sui consumi (*sales taxes*, previste in quarantacinque stati), il 40% da imposte sui redditi (*income taxes*, di cui l'85% sui redditi personali che sono tassati, oltre che dal governo federale, da tutti gli stati tranne sette), il 6,6% da licenze, l'1,7% da imposte sugli immobili, il 3,7% da altre tasse. Le entrate fiscali del governo federale nello stesso anno sono ammontate a 2.153,9 miliardi di dollari: il 43% derivanti da imposte sui redditi delle persone fisiche, il 12,9% da imposte sui redditi di società, il 36,9% da contributi assicurativi e previdenziali, il 3,4% da accise, il 3,8% da altre tasse. Come percentuale del prodotto interno lordo, le entrate federali erano pari nel 2005 al 17,5%. Complessivamente, aggiungendo le entrate statali e anche quelle locali, il gettito fiscale era pari al 27,7% del PIL.

CAPITOLO SETTIMO

IL SISTEMA GIUDIZIARIO

1. *Il riparto della giurisdizione*

La giustizia negli Stati Uniti è organizzata su due livelli: l'ordinamento giudiziario federale e i cinquanta ordinamenti giudiziari statali. L'art. III sez. 2 della Costituzione elenca le controversie di competenza dei tribunali federali. Quelle più importanti sono: la *federal question jurisdiction*, definita per materia, nelle cause concernenti una questione di diritto federale, di ordine costituzionale o legislativo; la *diversity jurisdiction*, definita dalla natura delle parti in causa, nelle controversie fra cittadini di stati diversi. La competenza degli stati si estende a tutto ciò che riguarda l'interpretazione e applicazione del diritto statale nelle controversie fra cittadini di uno stesso stato.

In concreto tale riparto si risolve in casi sia di giurisdizione esclusiva sia di giurisdizione concorrente (ad esempio, materie statali davanti al giudice federale in relazione a questioni federali; questioni federali davanti al giudice statale in relazione a materie statali). Va da sé che la grandissima massa dei procedimenti giudiziari si svolgono nei tribunali statali: ogni anno diverse decine di milioni di cause, civili e penali, rispetto a qualche centinaia di migliaia nelle corti federali.

2. *L'ordinamento giudiziario federale*

L'art. III sez. 1 conferisce il potere giudiziario degli Stati Uniti a una «corte suprema» e alle «corti inferiori» istituite dal Congresso. La legge federale prevede, al di sotto della Corte Suprema (Us Supreme Court), tribunali di primo grado (Us District Courts) e tribunali di secondo grado (Us Courts of

Appeal). Sono inoltre previsti alcuni tribunali specializzati. Questo assetto risale alle riforme di fine Ottocento che istituirono le corti di appello.

I distretti giudiziari sono 94: in ventisei stati, nonché nel Distretto di Columbia, a Porto Rico e in tre territori d'oltremare, è istituita un'unica corte distrettuale; in ventiquattro stati da due a quattro corti distrettuali. Questi tribunali sono le *trial courts* in materia sia civile sia penale, con giudice monocratico che presiede il dibattimento processuale ma giudica soltanto in caso di processo senza giuria (c.d. *bench trial*). Nel 2005 i procedimenti iniziati nelle corti distrettuali sono stati circa 250 mila quelli civili e 70 mila quelli penali.

I distretti fanno parte di 12 circuiti regionali, in ciascuno dei quali è istituita una corte di appello. Le corti di appello giudicano i ricorsi avverso le decisioni delle corti distrettuali del rispettivo circuito, in collegi di tre giudici e con eventuale riesame in composizione plenaria (tranne nel nono circuito, il più grande, comprendente i singoli distretti di Alaska, Arizona, Hawaii, Idaho, Montana, Nevada, Oregon, i due distretti di Washington, i quattro distretti della California: la corte *en banc* è costituita da 11 giudici su 28). La Corte di appello del circuito del Distretto di Columbia è considerata il tribunale più importante dopo la Corte Suprema: essa è infatti competente sui ricorsi avverso provvedimenti di agenzie e autorità del governo federale (non esiste una giurisdizione amministrativa come in Italia; gli *administrative law judges* sono organi interni delle agenzie e autorità, con funzioni paragiurisdizionali nell'ambito dei rispettivi procedimenti). È inoltre prevista la Corte di appello per il circuito federale, con competenza in particolari materie. Nel 2005 i procedimenti iniziati nelle corti di appello sono stati più di 68 mila.

La legge autorizza attualmente 678 incarichi di giudice di distretto e 179 incarichi di giudice di appello. Si diventa giudici per nomina politica, non per concorso pubblico. I giudici federali (*justices* quelli supremi, *judges* tutti gli altri) sono nominati dal presidente degli Stati Uniti e la nomina richiede l'approvazione del Senato. Tutti i giudici sono avvocati. I giudici durano in carica, come afferma la Costituzione, «during good behaviour», finché mantengono buona condotta, vale a dire il loro mandato è a vita. La rimozione è possibile soltanto attraverso la procedura di *impeachment*. Dai primi casi all'inizio dell'Ottocento fino a oggi sono stati messi sotto accusa e processati dieci giudici distrettuali, un giudice di appello e un giudice supremo (il processo nel 1805 a Samuel Chase, che fu assolto). Ne sono stati condannati sette (l'ultimo caso nel 1989). La legge cerca di incentivare il ritiro anticipato dei giudici: se scelgono di andare in pensione fra 65 e 70 anni con anzianità di servizio che sommata all'età sia pari a 80, continueranno a ricevere per intero stipendio e benefici. In alternativa possono assumere lo status di «giudice anziano» (*senior judge*), una forma di semi-pensionamento che permette di nominare un nuovo giudice. Il mandato a vita è la garanzia costituzionale di indipendenza di ciascun giudice nei confronti del potere esecutivo e del potere legislativo. L'art. III la garantisce inoltre tutelando le retribuzioni dei giudici: l'indennità «non può essere diminuita durante la loro permanenza in carica».

L'organizzazione e il funzionamento dei tribunali federali non dipendono dal dipartimento della Giustizia. Al dipartimento fanno capo gli Us Attorneys, i procuratori nominati dal presidente in ognuno dei distretti giudiziari per 4 anni, i quali esercitano l'azione per i reati federali (azione discrezionale), sostengono l'accusa nei processi penali e rappresentano il governo nei processi civili. I servizi relativi alla giustizia sono gestiti da un organo indipendente, l'Administrative Office of the Us Courts, sotto la direzione e il controllo della Judicial Conference of the United States. La conferenza, definita organo di *policy-making* del giudiziario federale, è composta dal giudice capo della Corte Suprema, dai giudici capo delle corti di appello e da un giudice distrettuale per ogni circuito regionale. Essa si riunisce in seduta plenaria due volte all'anno (vi intervengono i membri delle commissioni giustizia delle Camere e l'Attorney General), e si articola in un «comitato esecutivo» e altre commissioni permanenti. Fra i suoi compiti vi sono: presentare al Congresso la richiesta annuale di bilancio per il ramo giudiziario; predisporre le disposizioni in materia di procedura e prove («federal rules of civil procedure», «federal rules of criminal procedure», «federal rules of evidence» e altri regolamenti, emanati su delega del Congresso); adottare il codice di comportamento dei giudici; riesaminare le decisioni dei consigli giudiziari sulle azioni di responsabilità disciplinare; esprimere raccomandazioni su proposte legislative in materia di giustizia.

3. *Gli ordinamenti giudiziari statali*

Gli ordinamenti giudiziari degli stati, secondo le rispettive costituzioni, prevedono: tribunali di primo grado a competenza limitata (giudici di pace, corti municipali e metropolitane, per i minorenni, sulle relazioni domestiche, sulle contravvenzioni stradali ecc.); tribunali di primo grado a competenza generale (chiamati con nomi diversi: corti di distretto, di contea, di circuito; in California si chiamano Superior Courts, nel New York Supreme Courts); tribunali di appello (un'unica o più Appellate/Appeals Courts, ma in undici stati non è previsto alcun tribunale di grado intermedio); tribunali di ultima istanza (chiamati corti supreme, ad eccezione di New York dove si chiama Court of Appeals, un'unica corte tranne in Oklahoma e Texas, che ne hanno una in materia civile e una in materia penale).

Quanto alla scelta dei giudici statali, si distinguono giudici nominati dal governatore e giudici eletti direttamente. I primi sono scelti in genere attraverso una procedura di «merit selection»: una commissione di avvocati e membri laici valuta i candidati e propone una lista dei più qualificati, da cui il governatore sceglie un nome; il prescelto presta servizio per uno o due anni e rimarrà poi in carica se confermato in una consultazione popolare chiamata *retention election*. Quelli elettivi sono scelti in elezioni *partisan* (i candidati concorrono come democratici o repubblicani) ovvero in elezioni *nonpartisan* (senza affiliazione di partito). Un metodo ulteriore è l'elezione parlamentare dei giudici.

Il panorama è molto variegato da stato a stato e, in alcuni stati, anche fra tribunali di gradi diversi: ad esempio, in California il governatore nomina i giudici supremi e di appello (senza preselezione, ma con l'approvazione di una «commissione sulle nomine giudiziarie» formata dal giudice capo della Corte Suprema, dal procuratore generale e da un presidente di corte di appello, e successiva conferma popolare), mentre i giudici superiori di prima istanza sono eletti *nonpartisan*. Considerando solo i giudici supremi, si ha: selezione di merito in ventitre stati; *partisan election* in otto; *nonpartisan election* in tredici; nomina del governatore in quattro; elezione parlamentare in due. Il mandato dei giudici statali, a differenza di quelli federali, è a tempo (nell'esempio californiano, rispettivamente 12 e 6 anni). Fanno eccezione: Massachusetts e New Hampshire (il limite è 70 anni), Rhode Island (a vita).

4. *La Corte Suprema degli Stati Uniti*

La Corte Suprema degli Stati Uniti si compone di 9 giudici: il giudice capo (Chief Justice) e 8 giudici associati (Associate Justices). Il giudice capo non è soltanto il presidente della Corte. Il suo titolo ufficiale è infatti Chief Justice of the United States. In tale veste egli presiede la conferenza giudiziaria e, per prassi, redige la relazione di fine anno sull'attività dei tribunali federali. Le relazioni contengono dati statistici, introdotti da considerazioni generali in particolare sui rapporti con il potere legislativo. Nelle relazioni degli ultimi anni si trovano evidenziati diversi motivi di tensione: ritardi nell'approvazione delle nomine giudiziarie e degli stanziamenti per la giustizia; mancato adeguamento delle indennità; critiche rivolte ai giudici sul merito di certe sentenze; pareri dei giudici su certi atti legislativi di cui non si è tenuto conto.

Il numero dei giudici supremi non è fissato dalla Costituzione, ma dalla legge ed è oscillato nei primi ottant'anni della repubblica. Da 6 nel primo ordinamento giudiziario (1789) salì poi a 7 (1807), 9 (1837) e 10 (1863). Nel 1866, durante lo scontro fra il Congresso e il presidente Johnson, fu ridotto a 7. Uscito di scena quest'ultimo, una legge del 1869 stabilì l'attuale numero di 9 giudici. Anche la famosa riforma (c.d. *court-packing*) proposta da F.D. Roosevelt nel 1937 dopo la prima trionfale rielezione non avrebbe quindi richiesto una revisione costituzionale, ma venne affossata dal Congresso.

Né la Costituzione né la legge prevedono alcun requisito, ma vi sono rigorosi requisiti non scritti. Chi viene scelto per fare il giudice supremo, oltre ad avere la laurea in legge e aver esercitato la professione legale, ha in genere avuto rilevanti responsabilità nel settore privato, cattedre universitarie, incarichi pubblici di primo piano. La tendenza prevalente, soprattutto nei tempi recenti, è di nominare persone che già ricoprono una carica di giudice in tribunali federali e talvolta statali. Dal 1789 al 2006 si sono succeduti 17 giudici capo e 98 giudici associati. In totale, 110 persone considerando che cinque giudici capo sono stati nominati fra coloro che facevano o avevano fatto parte della Corte come associati; 50 su 110 al momento di essere nominati erano giudici in un altro tribunale. Nel passato si tendeva a selezionare professionalità di tipo diverso, senza precedente esperienza giudiziaria, non solo prestigiosi avvocati ma personalità politiche: membri dell'amministrazione anche al di fuori del dipartimento della Giustizia, membri del Congresso, governatori, anche un ex presidente degli Stati Uniti (il giudice capo William Taft). Tutti i giudici supremi a partire dal 1975 sono venuti dalle fila del giudiziario. Nel 1981 il presidente Reagan nominò la prima donna (Sandra Day O'Connor). Tutti i componenti della Corte Suprema guidata da John Roberts nel 2006 sono ex giudici di corti federali di appello.

Il mandato a vita equivale in media a una permanenza di 15-16 anni, prima che il giudice supremo decida di ritirarsi. Ci sono giudici rimasti in carica fino alla morte o per periodi molto lunghi (i più longevi oltre trentacinque anni). Delle ventotto nomine dal 1945 a oggi, undici sono state effettuate da presidenti democratici, diciassette da presidenti repubblicani. Un presidente eletto per due mandati ha la pratica certezza di avere a disposizione una o più scelte. Bill Clinton ha nominato un giudice nel 1993 e un altro nel 1994. Dopo di allora la composizione della Corte è rimasta immutata per ben undici anni, fino alle due nomine di George W. Bush nel 2005: il Chief Justice (John Roberts, dopo la scomparsa di William Rehnquist) e un giudice associato (Samuel Alito, dopo il ritiro della O'Connor).

5. *La nomina dei giudici supremi*

Trattandosi di giudici di nomina politica, la loro scelta risponde prima di tutto a fattori politici. Com'è logico che sia, un presidente repubblicano sceglierà fra persone di orientamento conservatore, un presidente democratico fra persone di orientamento *liberal*. Nomine *bipartisan* sono sempre state l'eccezione. La nomina di un nuovo giudice supremo, con le audizioni sotto giuramento davanti alla commissione giustizia del Senato, non c'è bisogno di dirlo, è uno degli eventi politici più attesi. Gruppi di interesse e movimenti di base si mobilitano come se fosse una campagna elettorale. Tutta la vita e tutto il lavoro della persona designata vengono sottoposti a un intensissimo scrutinio pubblico; il repertorio di tutto ciò che ha scritto, scatoloni di materiale da esaminare, viene passato al setaccio. Non si tratta solo di valutare le qualifiche professionali, come fa l'American Bar Association dando la pagella «well qualified», «qualified», «not qualified». I senatori interrogano sulle controversie costituzionali, sugli orientamenti giurisprudenziali, sui metodi di interpretazione, sulla fedeltà ai precedenti della Corte. Possono domandare qualunque cosa, ma chi risponde di solito preferisce mantenersi sul vago, preferisce come si suol dire non pregiudicare i futuri giudizi. Nelle ultime due occasioni i nominati hanno testimoniato per una ventina di ore in cinque giorni di sedute.

La conferma di un giudice supremo può trasformarsi in una dura battaglia politica. La nomina di Robert Bork nel 1987 e di Clarence Thomas nel 1991 ne sono l'esempio più eclatante. Il primo, un ultraconservatore con una rigida visione «originalista» della Costituzione, venne respinto dal Senato (52 democratici su 54 e 6 repubblicani su 46 votarono contro). La sorte di Bork era toccata a pochi in passato (l'ultima volta a due nomine di Nixon nel 1969-70), anche se a questi vanno aggiunti altri casi di designazioni fallite pur senza un espresso voto contrario (come è accaduto nel 2005 a una nomina di Bush, non apprezzata dagli stessi conservatori). Finì invece bene per Thomas, un afroamericano al posto del primo giudice afroamericano (Thurgood Marshall, nominato da Johnson nel 1967) ma su posizioni molto diverse. Egli dovette difendersi da accuse di molestia sessuale e venne confermato per appena due voti (41 repubblicani su 43 e 11 democratici su 57 votarono a favore). Se si confrontano i voti sulle nomine degli ultimi due presidenti, mentre quelle di Clinton ottennero ampio consenso anche fra i repubblicani (96 a 3 Ruth Ginsburg, 87 a 9 Stephen Breyer), su quelle di Bush i democratici si sono in un caso spaccati a metà (78 a 22 John Roberts) e nell'altro hanno votato quasi tutti contro (58 a 42 Samuel Alito).

Va aggiunto che nell'ultimo decennio il procedimento di conferma delle nomine giudiziarie si è molto politicizzato, divenendo terreno di scontro anche sui giudici di appello. Di fatto i tribunali di appello costituiscono quasi sempre l'ultima istanza.

6. *I giudizi della Corte Suprema: decidere quali casi decidere*

L'art. III attribuisce alla Corte Suprema sia competenza in prima istanza (*original jurisdiction*, nei casi elencati nel c. 2) sia competenza in ultima istanza (*appellate jurisdiction*, di diritto e di fatto, «in base alle norme e con le eccezioni stabilite dal Congresso»). I casi nei quali la Corte è giudice di primo e unico grado si presentano molto raramente (ad esempio, controversie fra stati). Escluse appunto tali ipotesi, le cause pervengono alla Corte su ricorso contro la decisione di un tribunale federale di appello o di una corte suprema statale. Delle migliaia di ricorsi presentati annualmente, la Corte ne esamina una percentuale minima, piccolissima. Il diritto di appello alla Corte, cioè l'obbligo di riesame, è previsto dalla legge solo in pochissimi casi. In tutti gli altri il riesame è discrezionale. Quali sono dunque i criteri per ricorrere alla Corte e quali sono i criteri di selezione dei ricorsi?

Per adire la Corte Suprema occorre presentare una «petition for a writ of certiorari», una istanza volta a ottenere l'emissione di un ordine di *certiorari*: istanza della parte soccombente, il *petitioner*, contro (*versus*) la parte vincente, il *respondent*, nel precedente giudizio civile o penale. *Certiorari* è una parola latina che significa «essere informati»: con il *writ* si ordina ai giudici di grado inferiore di trasmettere gli atti processuali relativi a un determinato caso per essere riesaminati dalla Corte Suprema. Esso è lo strumento giuridico attraverso il quale la Corte può scegliere i ricorsi su cui pronunciarsi. La Corte ha il pieno controllo della propria agenda: esamina soltanto i casi che essa decide di esaminare. La sua discrezionalità è sotto questo aspetto pressoché totale. La parte che ricorre deve innanzitutto convincere la Corte ad accettare di discutere il suo caso, prima di qualunque discorso sul merito. La possibilità di ricorso tramite «petition on appeal», istanza in appello su cui la Corte deve per legge pronunciarsi, è stata invece quasi del tutto eliminata.

Il ricorso di *certiorari*, introdotto per la prima volta nel 1891, diventò la regola generale con la riforma giudiziaria del 1925, fortemente voluta dagli stessi giudici supremi. Come disse il giudice capo Taft, «two courts are enough for justice». Da qui la drastica riduzione dei casi di appello obbligatorio che avevano inondato la Corte. Gli appelli continuarono tuttavia a pesare sul carico di lavoro della Corte anche nei decenni successivi. Ancora negli anni Ottanta i giudici invitarono il Congresso a ridurli ulteriormente per non far perdere tempo e risorse su casi di scarsa valenza. Il legislatore accolse quella richiesta nel 1988.

Come afferma il regolamento della Corte Suprema, il riesame in via di *certiorari* «non è un diritto, ma dipende dalla valutazione dei giudici». La Corte è libera di accogliere l'istanza di *certiorari*, e quindi emettere il *writ* e poi passare alla discussione del caso nel merito, o di respingerla senza dover dare spiegazioni. Negli ultimi decenni i giudici sono diventati sempre più selettivi (da circa 200 istanze accolte annualmente negli Ottanta a meno di 100 nei Novanta). Contemporaneamente è aumentato il numero di istanze presentate (da 5 mila a 8 mila). Oggigiorno ne vengono presentate ogni anno fra 7 mila e 8 mila (con pagamento di un deposito di $300 ovvero senza costi, se la Corte accoglie la domanda di procedere *in forma pauperis*). In ogni sessione annuale (dal primo lunedì di ottobre all'aggiornamento estivo di fine giugno) sono ammesse e discusse fra 80 e 90 istanze.

La scelta dei ricorsi avviene scartandone immediatamente una grossa percentuale per manifesta infondatezza. I casi che invece ciascun giudice considera rilevanti vengono inseriti in una lista (*discuss list*) che tutti i giudici discutono in camera di consiglio. Almeno 4 giudici, la maggiore delle minoranze, devono essere d'accordo sull'ordinanza di *certiorari*, come previsto non dalla legge o dal regolamento interno ma da una norma consuetudinaria. La Corte pubblica quindi una *order list* nella quale sono elencate da una parte, in poche righe, le istanze ammesse (*certiorari granted*), dall'altra, in un elenco di diverse pagine, quelle non ammesse (*certiorari denied*). Come hanno votato i giudici sull'accoglimento o diniego del *writ* rimane segreto e i motivi non vengono esplicitati (tutte le ordinanze sono non firmate e non motivate). A volte accade che un giudice renda pubblico il suo dissenso rispetto alla decisione di non esaminare un determinato caso scrivendo un'opinione chiamata *dissent from denial*. La discussione dei casi ammessi verterà sulle questioni presentate nell'istanza come eventualmente riformulate dalla Corte. Nella lista delle ordinanze sono resi noti anche i casi di annullamento con rinvio decisi sommariamente (*summary dispositions*).

Nella scelta influiscono criteri soggettivi, che variano da giudice a giudice. Ognuno ha il suo metro di giudizio, la sua scala di valori, per decidere della rilevanza o meno di un caso e dell'opportunità o meno di coinvolgere la Corte Suprema. Vi influiscono poi criteri oggettivi relativi alle circostanze del caso. Il regolamento della Corte fornisce alcune linee guida: un'istanza di *certiorari* «sarà ammessa solo per ragioni stringenti». Quattro sono i criteri generali: interpretazioni difformi e non compatibili del diritto federale (decisioni in conflitto di corti federali di appello o di corti supreme statali su una stessa «importante questione»); deviazione nei tribunali di grado inferiore dalle «normali e accettate» procedure giudiziarie; importanti questioni federali in precedenza non risolte dalla Corte «ma che dovrebbero esserlo»; pronunce di corti federali o statali contrastanti con «rilevanti decisioni» della Corte. Come dice lo stesso regolamento, si tratta di criteri elencati a titolo puramente esemplificativo, che sottolineano soprattutto l'esigenza di garantire l'uniforme applicazione del diritto federale. Le circostanze indicate possono essere presenti o assenti sia quando la Corte decide di esaminare un ricorso sia quando decide di non esaminarlo. Il processo di selezione dei casi non può essere ridotto a formule fisse e ripetitive. Compito essenziale della Corte Suprema, che in ciò si differenzia dalle corti di appello, non è di correggere errori, ma di risolvere questioni la cui rilevanza generale e immediata è tale da trascendere i fatti particolari e le singole parti coinvolte nel caso concreto. Va specificato che, nel caso di ricorso contro una corte suprema statale, l'istanza non è mai ammessa se la decisione di cui si chiede il riesame è motivata esclusivamente in base a parametri statali (c.d. *independent and adequate state grounds doctrine*).

Se l'istanza di *certiorari* è respinta, l'effetto è la conferma della sentenza dei giudici inferiori. La decisione di respingere l'istanza non va però confusa con una decisione sul merito. Essa ha solo un significato di natura procedurale. Come scrisse il giudice Felix Frankfurter, per capire il funzionamento della Corte «è essenziale comprendere che il diniego di *certiorari* è determinato da una varietà di motivi, ma tali motivi non implicano che, nell'ipotesi in cui il caso fosse discusso nel merito, la Corte si pronuncerebbe contro il ricorrente».

7. *I giudizi della Corte Suprema: decidere il merito dei casi*

Una volta ammesso il ricorso di *certiorari*, la Corte fissa la data dell'udienza pubblica (*oral argument*). In vista dell'udienza le parti presentano le memorie scritte (*briefs*). Le memorie devono rispettare alcune regole redazionali. Ad esempio, le memorie sul merito presentate dal ricorrente (che chiede il *reversal* della sentenza dei giudici inferiori) e dal resistente (che ne chiede l'*affirmation*) non devono superare le 50 pagine; 20 pagine la memoria in replica del ricorrente; 30 pagine le memorie *amicus curiae* presentate da soggetti terzi, a sostegno dell'una o dell'altra parte in causa, attraverso le quali associazioni, gruppi, istituzioni della società civile fanno sentire la loro voce (come dice il regolamento, «possono essere di notevole aiuto per la Corte» portando alla sua attenzione argomenti rilevanti non considerati dalle parti). Le memorie del governo federale sono presentate dall'avvocato generale (Solicitor General). Le memorie non fanno ricorso soltanto al linguaggio della dottrina e dei precedenti. Spesso contengono dati e analisi frutto di ricerche delle scienze sociali. E sovente i giudici utilizzano questi materiali non giuridici e li citano nelle loro opinioni.

Alle udienze è dedicata di norma un'ora, divisa a metà fra le due parti. Esse si aprono al grido

> the Honorable, the Chief Justice and the Associate Justices of the Supreme Court of the United States. Oyez! Oyez! Oyez! All persons having business before the Honorable, the Supreme Court of the United States, are admonished to draw near and give their attention, for the Court is now sitting. God save the United States and this Honorable Court!

I giudici fanno il loro ingresso attraverso le tende di porpora e prendono posto dietro il grande banco in mogano rialzato: il giudice capo al centro, i giudici associati alternati alla sua destra e alla sua sinistra in ordine decrescente di anzianità. Davanti a loro i banchi degli avvocati, al centro il podio da cui ciascun avvocato si rivolge alla Corte. Più che una presentazione del caso, l'udienza è un interrogatorio che mette a dura prova i nervi degli avvocati. L'avvocato al quale viene data la parola non fa in tempo a dire una cosa che puntualmente viene interrotto da uno dei giudici, e così va avanti per tutto il tempo a sua disposizione, con continue e incalzanti domande. Dagli interrogativi e dalle osservazioni che i giudici fanno nel corso delle udienze si possono trarre indizi su quali schieramenti si stanno formando.

L'ambiente della Corte, l'architettura, tutta l'atmosfera che si respira contribuiscono a creare una sorta di timore reverenziale. L'edificio dove siede la Corte (dal 1935, prima era ospitata all'interno del Campidoglio) è carico di simbologia. In marmo, stile corinzio classico, si staglia come un tempio della giustizia; due grandi statue, una figura femminile («contemplazione della giustizia») e una maschile («guardiano o autorità della legge»); sedici colonne che sorreggono il frontone, sull'architrave l'incisione *Equal Justice Under Law*. Il giorno dell'udienza vengono spesso inscenate manifestazioni, ma alla dovuta distanza sul marciapiede pubblico: i dimostranti non possono salire la scalinata che porta alla piazza e all'ingresso della Corte. Nell'aula delle udienze sono ammessi il pubblico e gli inviati dei media accreditati (ci sono trecento posti). Dell'udienza rimangono il resoconto stenografico e la registrazione audio. Vige invece il divieto assoluto di riprese video. Le telecamere non possono entrare in aula, nemmeno per documenti di archivio storico. Questa è la regola che in generale viene seguita in tutti i tribunali federali (nei tribunali statali non è così, tanto che vi sono canali televisivi via cavo specializzati in processi).

Dopo aver svolto l'udienza il caso viene poi discusso in camera di consiglio (*private conference*). Più che una discussione, la conferenza si limita a registrare il voto di ciascun giudice. Viene così raggiunta una decisione (non ancora definitiva). Il giudice capo si esprime per primo, a seguire tutti gli altri secondo l'anzianità di nomina. Le decisioni sono prese a maggioranza (almeno 5 giudici a 4). In caso di parità la sentenza dei giudici inferiori è confermata. Il voto del Chief Justice vale come quello degli altri giudici.

Il passo successivo è la stesura delle «opinioni»: un giudice redige l'*opinione della Corte*, ognuno degli altri giudici può redigere un'*opinione concorrente* o un'*opinione dissenziente*. Se il Chief Justice ha votato con la maggioranza, a lui spetta scrivere l'opinione della Corte ovvero assegnarla a un altro membro della maggioranza. Se il Chief Justice fa invece parte della minoranza, il compito di scrivere o assegnare l'opinione della Corte spetta al giudice più anziano della maggioranza. Il processo decisionale è un processo individuale più che di gruppo. La Corte funziona essenzialmente come «nove piccoli, indipendenti studi legali» (Rossum-Tarr): ciascun giudice con i propri *law clerks*, scelti fra giovani laureati nelle migliori facoltà di legge. La stesura delle opinioni è la fase durante la quale i giudici interagiscono cercando di convincersi l'un l'altro. Il voto in conferenza è soltanto il momento iniziale del processo decisionale. Tra il voto e l'annuncio della decisione passa tutto il tempo necessario per preparare le diverse opinioni; una volta completatate, queste vengono fatte circolare fra tutti i giudici. Dopo aver letto le motivazioni un giudice può anche cambiare idea rispetto al suo voto iniziale, anche se succede raramente, passare da un campo all'altro e, se la Corte si era espressa a stretta maggioranza, provocare un ribaltamento della decisione preliminare. Un giudice può chiedere modifiche e riformulazioni, e ciò avviene normalmente, prima di dare il proprio assenso finale e firmare un'opinione.

Ogni anno vengono decisi con opinioni scritte un'ottantina di casi. Tranne pochi casi decisi con opinioni non firmate (chiamate *per curiam*), in tutti gli altri le opinioni sono sottoscritte dai giudici. Le decisioni possono essere unanimi, formate da un'unica opinione. Se la decisione non è unanime, la sentenza si compone di opinioni separate: l'opinione della Corte e una o più opinioni dissenzienti e/o concorrenti, sottoscritte da uno o più giudici (così annunciate nel sillabo della decisione, ad esempio: «Stevens, J., delivered the opinion of the Court, in which Roberts, C.J., and Scalia, Kennedy, Thomas, Ginsburg, and Alito, J.J., joined. Kennedy, J., filed a concurring opinion. Alito, J., filed a concurring opinion, in which Scalia, J., joined. Breyer, J., filed a dissenting opinion, in which Souter, J., joined»). Negli anni più recenti opinioni dissenzienti, concluse con la frase di rito «I respectfully dissent», talvolta lette in aula per enfatizzare il dissenso, si sono avute in circa due terzi dei casi.

In tutte le decisioni rimane un elemento di suspense fino alla fine. Nulla trapela fino a quando le decisioni non sono annunciate dai giudici in aula. Le opinioni sono immediatamente distribuite, inserite nel sito web e poi raccolte nello *Us Reports*, la pubblicazione ufficiale della Corte Suprema. Il dispositivo è reso pubblico, e nello stesso momento si possono quindi conoscere le motivazioni e come hanno votato i giudici, chi in maggioranza, chi in dissenso.

8. *Gli sviluppi della giurisprudenza costituzionale*

Nei due secoli di storia della Corte Suprema possono essere individuate tre grandi epoche giurisprudenziali. La prima epoca è legata al nome del grande Chief Justice John Marshall. Quando all'inizio dell'Ottocento il presidente John Adams dovette nominare un nuovo giudice capo, la carica venne offerta a John Jay, che già l'aveva ricoperta (il primo Chief Justice, 1789-95). Jay declinò. Scrisse di non credere che la Corte avrebbe avuto «la forza, il peso e l'autorità per consentirle di dare il necessario sostegno al governo nazionale». Adams pensò allora al suo segretario di Stato, una scelta che avrebbe in seguito considerato il più grande vanto della sua vita. Marshall rimase in carica per 34 anni e mezzo, fino alla morte nel 1835, lasciando un'impronta indelebile nel diritto costituzionale, una forte impronta federalista.

Le questioni presentate alla Corte Suprema riguardavano soprattutto la natura federale dell'Unione. La giurisprudenza della Corte Marshall pose solide basi per l'esercizio dei poteri nazionali, contrastò le spinte centrifughe degli stati, riaffermò senza cedimenti la supremazia del governo federale, il governo di tutto il popolo americano, al cospetto di governi statali recalcitranti e inquieti. Come scrisse in una delle sue tante sentenze: «l'America ha scelto di essere, per molti aspetti e a molti fini, una sola nazione»; i singoli stati «parti costituenti degli Stati Uniti sono sovrani per alcuni scopi, subordinati per altri». Con i successori di Marshall, a partire da Roger Taney in carica per 28 anni, la giurisprudenza tese a rafforzare la tutela dei cosiddetti diritti degli stati, ma la Corte Taney è ricordata soprattutto per la «ferita auto-inflitta» con la decisione sulla schiavitù, uno dei prodromi della Guerra civile.

La seconda epoca è quella della giurisprudenza del *laissez-faire*, dalla fine dell'Ottocento fino agli anni Trenta del successivo secolo, nota anche come era *Lochner*, dal nome della sentenza simbolo pronunciata nel 1905. In un'epoca di impetuoso sviluppo industriale il tema centrale discusso dalla Corte riguardava la costituzionalità della regolamentazione economica e della legislazione sociale. Le posizioni della Corte, con i giudici capo Fuller, White e Taft, oscillarono. In taluni casi le leggi progressiste su imprese e lavoro superarono il suo vaglio. Nel lungo periodo la giurisprudenza fu però contraddistinta da decisioni contrarie. Nelle sentenze più conosciute la Corte giudicò l'intervento legislativo una interferenza del governo nella sfera di inviolabili libertà individuali ovvero, nel caso di interventi legislativi federali, un'usurpazione delle attribuzioni statali. Ergendosi a strenuo difensore della libertà economica e abbracciando la dottrina del federalismo dualista, la Corte creò i precedenti poi utilizzati contro le misure del New Deal durante la Grande Depressione.

Nei primi anni Trenta la Corte era composta da quattro giudici che votavano sistematicamente contro la costituzionalità di leggi in campo economico e sociale (i «quattro cavalieri»), tre giudici che sostenevano in genere posizioni opposte, un altro giudice e il Chief Justice Hughes che a volte si univano al primo gruppo a volte al secondo. Nel 1935-36 la Corte Suprema legò in pratica le mani al Congresso e agli stati. Il presidente Roosevelt, di fronte a tutte le sentenze di incostituzionalità della legislazione del New Deal, si ripromise di «salvare la Costituzione dalla Corte e la Corte da se stessa». Propose di cambiare la sua composizione in modo da consentirgli di procedere a un'infornata di forze fresche, nel caso in cui i giudici più anziani non si fossero ritirati. Prima ancora che il suo tentativo di riforma fallisse, fu la Corte a cambiare rotta, a compiere il primo passo verso il completo superamento di quella giurisprudenza (a partire dalla sentenza *West Coast Hotel v. Parrish* del marzo 1937). I «quattro cavalieri» dissentirono duramente e scrissero parole di duro ammonimento contro i giudici che avevano cambiato opinione, ma la Corte aveva ormai voltato pagina. Il ritiro annunciato poco dopo di uno dei giudici più conservatori favorì la svolta e, con il ritiro negli anni seguenti di altri giudici, Roosevelt ebbe la possibilità di creare una Corte a sua immagine e somiglianza che lasciò mano libera al legislatore in materia di regolamentazione dell'economia.

Nel dichiarare chiusa un'epoca, i giudici supremi avevano anticipato quale sarebbe stato per il futuro il compito principale della Corte. In una nota a piè di pagina rimasta famosa (la n. 4 nella sentenza *Us v. Carolene Products* del 1938) essi affermarono l'impegno a sottoporre a rigoroso controllo di costituzionalità le leggi incidenti sui diritti protetti dal *Bill of Rights* e dal XIV emendamento, sui diritti politici e sui diritti delle minoranze. Con l'avvento del Chief Justice Earl Warren la Corte divenne il supremo garante delle libertà individuali e dei diritti civili. Warren era governatore della California quando venne nominato giudice capo nel 1953 dal presidente Eisenhower. La «rivoluzione della Corte Warren» cominciò con l'unanime decisione nel caso *Brown v. Board of Education* del 1954 contro la segregazione razziale nelle scuole pubbliche. Essa è considerata la più importante decisione della Corte Suprema del XX secolo. Oltre a numerose altre sentenze anti-segregazioniste, vennero pronunciate decisioni storiche in materia di separazione fra stato e chiesa, libertà di espressione, diritti delle persone accusate e garanzie processuali, determinazione dei collegi elettorali ed eguaglianza del voto, diritto alla privacy. La giurisprudenza superò diversi precedenti applicando anche agli stati, non più al solo governo federale, le disposizioni del *Bill of Rights* sul processo penale. Con le sentenze sui collegi elettorali la Corte entrò in un campo che fino a quel momento aveva ritenuto precluso in quanto «questione politica», come tale non giustiziabile e rimessa agli organi nei quali si esprime la volontà popolare (c.d. *political question doctrine*).

Warren lasciò dopo 16 anni. Al suo posto il presidente Nixon scelse Warren Burger, giudice di corte d'appello, e oltre al Chief Justice poté fare altre tre nomine. Nixon aveva promesso di scegliere giudici ispirati a «legge e ordine», con chiaro riferimento critico alla giurisprudenza garantista dell'ultimo decennio. Rispetto a quest'ultima, la Corte Burger cercò di affinarla e di circoscriverne la portata, ma i principi costituzionali in essa affermati vennero ribaditi e sono oggi precedenti consolidati. I giudici supremi si pronunciarono sulla pena di morte in due sentenze: la prima volta dichiarandola incostituzionale per come veniva applicata dagli stati (ma i giudici scrissero nove diverse opinioni), la seconda volta dichiarandola costituzionale, con sette giudici a favore, per come era stata riformata a seguito della precedente sentenza. Sui diritti costituzionali la Corte Burger si spinse ancora più avanti e, sotto l'ombrello del diritto alla privacy, affermò la libertà di scelta della donna in fatto di aborto. Fu proprio uno dei giudici nominati da Nixon, Harry Blackmun, a scrivere l'opinione di maggioranza, 7 voti a 2, che nel 1973 legalizzò l'aborto. Un tema affrontato per la prima volta dalla Corte fu quello della legittimità costituzionale dell'*affirmative action* a vantaggio di minoranze discriminate (una sentenza del 1978 li salvò a certe condizioni, grazie all'opinione del giudice Lewis Powell, anche lui nominato da Nixon).

9. *Dalla Corte Rehnquist alla Corte Roberts*

Dal 1981 al 1991 sono stati i presidenti repubblicani a scegliere nuovi giudici: tre Reagan, più la sostituzione di Burger nel 1986 con William Rehnquist, che già sedeva alla Corte come giudice associato; altri due Bush padre. Se guardiamo alla giurisprudenza degli ultimi venti anni, indubbiamente la Corte ha seguito in certe aree un indirizzo più marcatamente conservatore, ad esempio inserendosi nel filone del nuovo federalismo con pronunce più rispettose delle sovranità statali. Lo stesso non si può dire per altri temi. Ad esempio, chi aveva sperato nel superamento del precedente sull'aborto è rimasto deluso, anche se la Corte ha in effetti adottato una giurisprudenza più restrittiva. In generale, non si può nemmeno dire che la Corte Rehnquist sia stata dominata da un monolitico blocco di conservatori. Nessuna rivoluzione conservatrice è davvero avvenuta alla Corte Suprema. Soprattutto nelle pronunce sui diritti ha prevalso una Corte moderata, con al centro le posizioni di giudici come Sandra O'Connor e Anthony Kennedy (entrambi nominati da Reagan) a fare da ago della bilancia in moltissimi casi; mentre il primo giudice nominato da Bush padre, David Souter, si è attestato inaspettatamente sulle posizioni dei *liberal*. Quando la Corte si è divisa 5 a 4, la combinazione dei voti poteva essere in un senso o nell'altro: tutti e cinque i conservatori o tutti e quattro i *liberal* affiancati da uno dei conservatori moderati. Sugli stessi temi che avevano maggiormente contraddistinto la Corte Rehnquist, come il neo-federalismo e una maggiore attenzione alla tutela della proprietà, la giurisprudenza ha alla fine preso vie diverse rispetto alle premesse iniziali.

Con le nomine di George W. Bush nel 2005 si è aperta l'era della Corte Roberts (il nuovo giudice capo è stato nominato a soli 50 anni). Come sempre quando si tratta di scegliere un nuovo giudice supremo, anche questa volta i repubblicani hanno ripetuto il loro mantra: scegliere uno *strict constructionist*, un fedele interprete della Costituzione, evitando quelli che loro definiscono «activists who will legislate from the bench» (ad esempio, un giudice che crea una nuova definizione di matrimonio). I democratici hanno rinnovato il timore che la scelta di un presidente repubblicano possa cadere su figure estremiste, provocando una sterzata troppo a destra che potrebbe portare all'annullamento dei precedenti affermati ininterrottamente dalle ultime Corti (la preoccupazione principale è sempre sul tema dell'aborto). Il termine *activism* è frequentemente usato quando si vogliono criticare i giudici, contrapponendolo a una filosofia giudiziaria fondata sul *self-restraint*. Parlare di attivismo fa appunto parte della polemica politica quotidiana: i giudici «attivisti» sono il bersaglio preferito dei repubblicani, ma il termine viene anche usato dai democratici contro giudici conservatori.

I dati statistici mostrano che i giudici supremi tendono nel tempo a votare nello stesso modo, collocandosi stabilmente lungo una dimensione politico-ideologica. Nello stesso tempo i giudici conservano la capacità di sorprendere: sia perché il presidente può compiere un errore di valutazione al momento della nomina, sia perché il giudice, una volta entrato a far parte della Corte, può «evolvere». La vera garanzia di indipendenza è il mandato a vita. Non esiste garanzia più forte. E funziona davvero.

CAPITOLO OTTAVO

LIBERTÀ E DIRITTI COSTITUZIONALI

1. «*Bill of Rights*» *e XIV emendamento*

Con i primi dieci emendamenti del 1791 fu aggiunto alla Costituzione degli Stati Uniti il *Bill of Rights*. I costituenti del 1787, impegnati a definire il nuovo ordinamento federale e i rapporti fra questo e gli ordinamenti statali, non avevano previsto una dichiarazione dei diritti. Alla Convenzione era stata proposta da George Mason, autore della Dichiarazione dei diritti della Virginia del 1776. Disposizioni sparse nella Costituzione originaria avevano garantito: il «privilege of the writ of habeas corpus» a tutela della libertà personale (art. I sez. 9 c. 2); il principio della irretroattività delle norme penali (art. I sez. 9 c. 3 e sez. 10 c. 1); il diritto al processo con giuria per i reati federali (art. III sez. 2 c. 2). L'assenza di un catalogo di diritti dell'individuo venne presentata come una grave lacuna non soltanto dagli antifederalisti, ma anche da sostenitori della Costituzione. Mentre Hamilton sostenne che «la Costituzione è essa stessa, in ogni ragionevole significato e a ogni utile scopo, una dichiarazione dei diritti», Jefferson disapprovò tale omissione. Madison scrisse di essere sempre stato a favore di una carta dei diritti, ma scettico sull'efficacia di simili «barriere di pergamena». Jefferson lo convinse: «una dichiarazione dei diritti è ciò che spetta a un popolo per difendersi da qualsiasi governo sulla faccia della terra». Anche i federalisti alla fine convennero sulla richiesta di colmare quella lacuna una volta ratificata la Costituzione.

I diritti elencati negli emendamenti costituiscono libertà negative, partendo dal I em. che tutela la libertà di religione, di parola e di stampa, di riunione, il diritto di petizione (e, implicitamente, la libertà di associazione), e proseguendo con una serie di emendamenti che tutelano in particolare i diritti della persona accusata di un reato. In origine essi costituirono libertà *dal* governo federale e non riguardarono gli stati. Sul piano della protezione dei diritti si realizzò uno schema di federalismo duale: la tutela nei confronti del governo federale in base alla costituzione federale, la tutela nei confronti dei governi statali in base alle costituzioni statali. La non applicabilità agli stati fu un punto pacifico fin dall'inizio, ribadito dalla Corte Suprema nel 1833.

Con il XIV em. del 1868 furono introdotte limitazioni all'esercizio dei poteri statali col fine di tutelare «privilegi e immunità» dei cittadini degli Stati Uniti, «vita, proprietà e libertà» ed «eguaglianza davanti alla legge» di ogni persona. Il cambiamento risulta evidente dal soggetto del discorso: «il Congresso non può fare [...]», nel I em.; «nessuno stato può fare [...]», nella sez. I del XIV em. L'emendamento sarebbe stato interpretato nel senso di imporre agli stati il rispetto degli stessi diritti elencati nel *Bill of Rights*, superando così il vecchio schema duale, ma ciò solo dopo una lunga evoluzione giurisprudenziale.

Il XIV em. risale al periodo della Ricostruzione. Dopo la sconfitta e l'abolizione della schiavitù gli stati sudisti mantennero un atteggiamento intransigente, cercando di perpetuare la subordinazione dei neri appena emancipati (con i c.d. *black codes*, leggi speciali che sostituirono i codici schiavisti). Alla continua sfida del Sud il Congresso reagì approvando il *Civil Rights Act* del 1866. La legge sui diritti civili dichiarava tutte le persone nate negli Stati Uniti, di ogni razza e colore, cittadini americani; riconosceva agli ex schiavi il diritto in ogni stato di «concludere ed eseguire contratti, citare, essere citati, testimoniare, ereditare, acquistare, affittare, vendere, possedere e trasmettere beni mobili e immobili», il «pieno e uguale diritto ad avvalersi di tutte le norme e procedimenti a tutela della persona e della proprietà, così come goduto dai cittadini bianchi, e a essere sottoposti alle stesse pene». Alcuni ne contestarono la costituzionalità. Altri sostennero che il Congresso aveva legittimamente attuato il XIII em. per eliminare le vestigia della schiavitù e garantire ai neri i diritti di uomini liberi (tesi riproposta un secolo più tardi dalla Corte Suprema). Per dissipare ogni dubbio venne approvato il XIV em., che fu appunto considerato una costituzionalizzazione della legge del 1866.

L'emendamento inizia affermando che tutte le persone nate o naturalizzate negli Stati Uniti sono «cittadini degli Stati

Uniti e cittadini dello stato in cui risiedono». La famigerata sentenza *Dred Scott* (i neri, schiavi o liberi, non sono cittadini) venne così seppellita per sempre. L'emendamento poggia su tre capisaldi: gli stati non possono 1) «fare o attuare leggi che limitino i privilegi e le immunità dei cittadini degli Stati Uniti», 2) «privare alcuna persona della vita, della libertà o della proprietà senza *due process of law*», 3) «negare ad alcuno la *equal protection of the laws*». In attuazione del XIV em. il Congresso approvò negli anni Settanta dell'Ottocento altre leggi sui diritti civili.

La Corte Suprema (*Slaughterhouse Cases* del 1873) di fatto svuotò di significato la *Privileges and Immunities Clause*, nelle intenzioni originarie la colonna portante per la protezione dei diritti. Come se nulla fosse cambiato, la maggioranza dei giudici si dichiarò indisponibile ad alterare gli equilibri all'interno del sistema federale. Essa attribuì preminenza alla cittadinanza statale su quella nazionale, invertendo l'ordine dell'emendamento, e ai diritti derivanti dalla prima rispetto a quelli derivanti dalla seconda. La tutela dei diritti nei confronti degli stati rimase materia di esclusiva competenza statale, tranne pochissimi esempi di diritti legati alla «cittadinanza nazionale». Questo svuotamento fece della *Due Process Clause* la chiave di volta per tutelare le libertà *dai* governi statali.

2. *Il «due process of law»: i diritti fondamentali*

L'espressione *due process of law*, oltre che nel XIV em., è formulata nel V em.: «nessuna persona può essere privata della vita, della libertà o della proprietà senza *due process of law*». In tal caso la formula limita l'esercizio dei poteri del governo federale, norma di chiusura rispetto ai diritti specificamente elencati nel *Bill of Rights*. Che cosa costituisce, dunque, *due process of law*? In particolare, qual è il contenuto della «libertà» (*liberty*) protetta dal *due process*? E ancora, quale rapporto esiste fra la *Due Process Clause* del XIV em. e il *Bill of Rights*? La nozione di *due process* viene declinata in tre modi: garanzia processuale intesa nel suo significato letterale come conformità alle procedure di legge; garanzia sostanziale intesa come principio di ragionevolezza della legge; veicolo per applicare anche agli stati il *Bill of Rights*, c.d. «incorporazione» (*incorporation*) dei diritti fondamentali.

In senso processuale la sua applicazione naturale è nell'ambito dei procedimenti giudiziari. Per *due process* si intendono in tal caso i principi del «giusto processo», sinonimo di *fair trial*. Garanzie processuali e diritti delle persone accusate sono previsti in diversi emendamenti del *Bill of Rights*, ma in origine essi non si applicavano agli stati. Dopo l'adozione del XIV em. la questione che si pose fu questa: procedimenti giudiziari statali le cui garanzie erano al di sotto di quelle della Costituzione federale configuravano una violazione del *due process*? Fino alla metà del Novecento la risposta della Corte Suprema fu quasi sempre negativa. Le norme processuali del *Bill of Rights* non furono ritenute principi fondamentali.

Nello stesso tempo la giurisprudenza iniziò a «incorporare» altre norme del *Bill of Rights*, facendole valere nei confronti degli stati. Nel 1925 la Corte assorbì la libertà di parola e di stampa protetta dal I em. nella «libertà» protetta dalla *Due Process Clause* del XIV em. Si confrontarono due teorie: l'«incorporazione selettiva» (sostenuta dal giudice Cardozo che parlò di diritti costituenti «il nucleo essenziale di una libertà ben ordinata») e l'«incorporazione totale» (sostenuta dal giudice Black).

L'epoca di cui parliamo fu inoltre contrassegnata dalla giurisprudenza sul *due process* in senso sostanziale, che trovò applicazione nell'ambito delle libertà economiche. Nel 1905 (*Lochner v. New York*) la Corte Suprema dichiarò incostituzionale una legge statale sugli orari di lavoro settimanali e giornalieri nei panifici. Incostituzionale perché lo stato, senza *due process*, cioè irragionevolmente e arbitrariamente, aveva privato datori di lavoro e lavoratori della «libertà di contratto». Rimase famoso il dissenso del giudice progressista Oliver Wendell Holmes, secondo il quale «una costituzione non ha come scopo quello di incorporare una particolare teoria economica». Successivamente la Corte talvolta contraddisse talvolta riaffermò quel precedente, ad esempio sui salari minimi, fino ad abbandonarlo nel 1937. Per citare le parole definitive dei giudici supremi: «spetta ai parlamenti, non ai tribunali, decidere in ordine alla saggezza e all'opportunità di una legge».

La teoria dell'incorporazione selettiva venne pienamente sviluppata negli anni Sessanta. Dopo le libertà del I em. (dal

1940 anche la libertà di religione), la Corte Suprema riconobbe come fondamentali quasi tutte le garanzie processuali del *Bill of Rights*, uniformandole così a livello federale e statale. Le due sole eccezioni sono la norma sull'incriminazione tramite giuria di cui al V em. e quella sulla giuria nei processi civili di cui al VII em. In pratica, quindi, un'incorporazione quasi totale, grado per grado, sentenza dopo sentenza. Tale processo ha segnato l'evoluzione del federalismo americano (c.d. federalizzazione della tutela dei diritti).

La *Due Process Clause* «non garantisce solo il giusto processo e la "libertà" che essa tutela va al di là dell'assenza di coercizione fisica». Oltre agli specifici diritti protetti dal *Bill of Rights*, la Corte Suprema ha garantito tutela costituzionale ad altri diritti: a sposarsi, ad avere figli, a educarli e istruirli, alla privacy coniugale, all'uso della contraccezione, all'integrità fisica, all'aborto, al rifiuto di trattamenti salvavita (ma non al suicidio medicalmente assistito), all'intimità sessuale fra le pareti domestiche degli adulti consenzienti. La Corte non ha mai riconosciuto fra i diritti costituzionalmente tutelati il diritto a prestazioni positive dei pubblici poteri (i diritti sociali vengono infatti definiti *entitlements*).

3. *L'«equal protection of the laws»: eguaglianza e diritti civili*

L'espressione «eguale protezione delle leggi» è formulata soltanto nel XIV em., ma il principio vale anche nei confronti del governo federale attraverso la *Due Process Clause* del V em. La disposizione venne applicata in origine ai soli casi di discriminazione razziale. Ad esempio, nel 1880 la Corte Suprema dichiarò incostituzionale una legge statale che escludeva i neri dalle giurie.

Sul terreno delle discriminazioni razziali, tuttavia, la giurisprudenza indebolì fortemente la tutela costituzionale. Nel 1883 la Corte invalidò il *Civil Rights Act* del 1875 sull'eguale accesso negli esercizi pubblici. Giudicando casi di imputati che avevano rifiutato l'ingresso in alberghi e teatri a persone di colore, i giudici distinsero fra azione statale discriminatoria e discriminazione privata. In base a tale distinzione affermarono che l'*Equal Protection Clause* poteva essere invocata solo in presenza di una «state action»; il Congresso poteva cioè intervenire solo per correggere discriminazioni riconducibili ad atti e provvedimenti di un organo statale, non per sanzionare illeciti individuali (compito quest'ultimo riservato agli stati).

A tale pronuncia seguì la grave decisione nel caso *Plessy v. Ferguson* che convalidò la dottrina «separati ma eguali» (1896). Con essa la segregazione razziale venne costituzionalmente legittimata, aprendo la strada alla diffusione in tutto il Sud degli Stati Uniti delle leggi segregazioniste (c.d. leggi Jim Crow), in pressoché ogni ambito della vita civile. Anche se la segregazione era imposta dallo stato per legge (carrozze sui treni separate per bianchi e neri, definite «equal but separate accomodations»), essa non venne ritenuta di per sé una discriminazione vietata dal XIV em., cioè una diseguaglianza giuridica, ma una diseguaglianza sociale che la Costituzione non avrebbe potuto correggere. I giudici, tranne uno, sostennero che la segregazione «non implicava necessariamente l'inferiorità di una razza rispetto all'altra».

Nel 1909 venne fondata la National Association for the Advancement of the Colored People (NAACP). La battaglia legale da essa patrocinata si indirizzò innanzitutto contro la segregazione nelle scuole pubbliche. Negli anni Trenta-Quaranta la Corte Suprema mantenne fermo il principio «separati ma eguali», ma si mostrò sempre più attenta alle esigenze di *equal protection*, invalidando trattamenti separati palesemente diseguali.

Il 27 maggio 1954 il Chief Justice Earl Warren annunciò, dopo 58 anni, un cambiamento storico: «nel campo dell'istruzione pubblica la dottrina "separati ma eguali" non può trovare posto. Scuole separate sono intrinsecamente diseguali». Questa fu l'unanime decisione nel caso *Brown v. Board of Education of Topeka*. Rovesciando il ragionamento della sentenza *Plessy*, Warren sostenne che la separazione razziale generava fra i neri «un sentimento di inferiorità». La diversa conclusione fu sostenuta, più che sulla base di argomentazioni giuridiche, sulla base di studi di psicologia che avevano documentato gli effetti dannosi della segregazione sui bambini neri (la nota n. 11 è una bibliografia di letteratura psicologica).

La sentenza *Brown II* del 1955 stabilì che le autorità scolastiche locali avrebbero dovuto mettere in atto piani di desegregazione (la Corte richiese «un avvio rapido e ragionevole verso la completa attuazione»); i tribunali federali, «guidati da principi equitativi», avrebbero controllato che tutto procedesse e si concludesse nei tempi appropriati, secondo la formula volutamente graduale «with all deliberate speed». Il processo di desegregazione avrebbe incontrato enormi difficoltà pratiche. L'establishment bianco dominante nel Sud reagì duramente a *Brown* (e a tutte le successive sentenze che la estesero ad altri campi). Novantasei membri del Congresso, tutti democratici del Sud, sottoscrissero nel 1956 il *Southern Manifesto* per denunciarla. Alcuni governatori tentarono la prova di forza e il governo federale rispose inviando le truppe (l'ammissione degli studenti neri alla Central High School di Little Rock nel 1957 e all'Università del Mississippi nel 1962).

Il movimento dei diritti civili, che si sviluppò negli anni Cinquanta-Sessanta, trovò la sua guida nel reverendo Martin Luther King, la cui memoria è oggi ricordata con una festa nazionale (MLK's Birthday, il terzo lunedì di gennaio). King salì alla ribalta nazionale durante il boicottaggio degli autobus a Montgomery, Alabama, nel 1955-56. Rosa Parks, un'attivista della NAACP, diventò un'icona dei diritti civili con un semplice gesto: sul bus rifiutò di alzarsi e lasciare il posto a un passeggero bianco (e per quel gesto venne arrestata, processata e condannata). Il metodo di lotta fu la nonviolenza. Il 28 agosto 1963 si svolse un'imponente marcia su Washington. Davanti al Lincoln Memorial, King tenne il celebre discorso «I have a dream», come disse, «un sogno profondamente radicato nell'*American Dream*».

Nel 1964 il presidente Johnson firmò il *Civil Rights Act* che stabilì, fra l'altro, il divieto di discriminazioni razziali nei locali aperti al pubblico (titolo II). Per stabilire tale divieto il Congresso fece ricorso alla *Commerce Clause*. La legge specifica: la discriminazione deve fondarsi su una «state action», come da giurisprudenza, ovvero deve trattarsi di un pubblico esercizio operante nel commercio interstatale. Le istanze del movimento femminista furono accolte, dopo l'*Equal Pay Act* del 1963, con il divieto di discriminazioni sul lavoro anche in base al sesso (titolo VII). Il titolo VIII, aggiunto da una legge del 1968 poco dopo l'assassinio di Martin Luther King, proibì ogni discriminazione in materia abitativa.

Un'altra legge di fondamentale importanza fu il *Voting Rights Act* del 1965, che eliminò le barriere all'esercizio del diritto di voto dei neri (c.d. *disenfranchisement*). Il VRA riuscì dove precedenti leggi e la giurisprudenza erano riusciti solo in parte e realizzò finalmente la promessa del XV em., a distanza di 95 anni dalla sua adozione: via i marchingegni vari escogitati dagli stati del Sud, a partire dalle prove di alfabetismo, e forti poteri di controllo attribuiti al governo federale. In alcuni stati vennero inviati ispettori federali che si sostituirono alle autorità locali per registrare gli elettori di colore; il visto del dipartimento della Giustizia venne richiesto per qualsiasi modifica alle legislazioni elettorali. La legge è stata poi rafforzata con norme per agevolare il voto delle minoranze linguistiche e per garantire l'uguaglianza del voto dell'elettorato nero (la possibilità di «eleggere i propri rappresentanti», pesando come tutti gli altri elettori).

Nel 1967 la Corte Suprema dichiarò incostituzionali le leggi contro il matrimonio interrazziale. Alla fine degli anni Sessanta, di fronte ai lenti progressi nella desegregazione delle scuole pubbliche, la Corte perse la pazienza. Essa dichiarò non più valida la formula «all deliberate speed» e ordinò ai distretti scolastici l'immediato passaggio da sistemi separati a sistemi unitari. Il *busing* degli studenti da un quartiere all'altro fu uno dei rimedi largamente utilizzati per integrare le scuole. La Corte spostò successivamente la sua attenzione dalla segregazione *de jure* nel Sud a quella *de facto* in altre regioni, pronunciando sentenze sulla segregazione scolastica fino agli anni Novanta.

L'*Equal Protection Clause* non riguarda più soltanto le discriminazioni razziali, ma è applicata ad altre fattispecie come il sesso (casi sull'ammissione di uomini a una scuola per infermiere o di donne a un'accademia militare) e gli orientamenti sessuali (caso *Romer v. Evans* del 1996 su norme esplicitamente contro gay e lesbiche). Per quelle che la Corte chiama «distinzioni sospette», la razza innanzitutto, e per trattamenti differenziati che incidono su diritti fondamentali il controllo di costituzionalità è esercitato più rigorosamente che per altre fattispecie, col metodo del c.d. *strict scrutiny*. Con tale metodo vengono valutate anche le azioni positive a favore delle minoranze, giustificate come la riparazione di discriminazioni subite in passato. Le «preferenze razziali» sono chiamate, a seconda del punto di vista, *affirmative action* ovvero *reverse discrimination*. Famosa è l'iniziativa popolare (proposta 209), approvata in California nel 1997, che le proibì del tutto. La

Corte Suprema è giunta a conclusioni diverse in relazione a diversi programmi preferenziali. Le decisioni più recenti, nel 2003 sull'ammissione alle università, richiamandosi al primo precedente della Corte su questo tema (caso *Bakke* del 1978), hanno riaffermato la legittimità costituzionale di azioni positive «flessibili» (le quote non sono ammesse) e «limitate nel tempo».

4. *Il I emendamento: la libertà di religione e di coscienza*

La prima libertà garantita dal *Bill of Rights* è la libertà di religione, con due disposizioni: l'*Establishment Clause*, cioè il divieto di istituire una religione ufficiale di stato, appunto una «established church», e la *Free Exercise Clause*, cioè il diritto di professare liberamente la fede religiosa. Tali disposizioni sono alla base del pluralismo confessionale che caratterizza gli Stati Uniti e della vitalità religiosa della società americana.

I più antichi casi in materia di religione davanti alla Corte Suprema riguardarono i mormoni nel 1878 (sulla proibizione della poligamia nel territorio dello Utah) e i testimoni di Geova negli anni Quaranta (sulle attività di proselitismo e sul rifiuto di salutare la bandiera, i primi esempi di applicazione agli stati di quelle disposizioni). Dopodiché conflitti riguardanti questioni religiose sono stati sempre più numerosi.

L'*Establishment Clause* venne interpretata in una sentenza del 1947 nel senso di «erigere un muro che separi la chiesa e lo stato» (*wall of separation*). Questa espressione è attribuita a Thomas Jefferson, che fu protagonista insieme a Madison della campagna in Virginia per il *disestablishment* della chiesa episcopale, conclusa con l'adozione della legge per la libertà religiosa del 1786 (con riflessi in altri stati le cui chiese ufficiali furono successivamente dismesse, ultima la chiesa congregazionale in Massachusetts nel 1833). La Corte utilizzò quelle vicende storiche come chiave di interpretazione del I em. e ne trasse un principio rigorosamente separatista. È un muro che «deve essere mantenuto alto e insuperabile», che non tollera «la minima breccia». In concreto, oltre a non poter istituire una chiesa, al governo federale e agli stati è fatto divieto di: «sostenere una confessione religiosa o tutte le confessioni ovvero privilegiare una religione rispetto a un'altra»; «obbligare o indurre una persona contro la propria volontà a frequentare una chiesa o ad astenersi dal farlo oppure obbligarla a credere o non credere»; «punire qualcuno per il fatto di avere o non avere o di professare o non professare un credo religioso e per il fatto di partecipare o non partecipare a funzioni»; «imporre alcuna tassa per sostenere attività e istituzioni religiose»; «prendere parte agli affari di organizzazioni o gruppi religiosi».

I casi più noti e controversi di applicazione dell'*Establishment Clause* sono quelli sulla preghiera nelle scuole pubbliche e sui finanziamenti all'istruzione privata. Alcune decisioni furono molto impopolari. Secondo i giudici dissenzienti esse esprimevano, più che neutralità, ostilità verso la religione in generale, in una nazione nella quale il sentimento religioso è molto forte e che ha il motto «In God We Trust» stampato sulle banconote.

La prima di queste decisioni fu *Engel v. Vitale* del 1962. La Corte dichiarò che era incostituzionale far recitare, per disposizione delle autorità statali, una preghiera all'inizio di ogni giorno scolastico, a prescindere dal carattere «non confessionale» della preghiera e dal fatto che agli alunni fosse permesso di rimanere in silenzio o uscire dall'aula. Nel 1963 dichiarò incostituzionale la lettura di versi della Bibbia e la recita della preghiera del Signore, anche se gli alunni potevano esserne esonerati con nota scritta dei genitori. Del 1985 è la decisione di incostituzionalità di una legge statale sul minuto di silenzio per la meditazione o la preghiera volontaria. La Corte ha poi ritenuto contrari al I em. l'invocazione e benedizione nelle cerimonie di consegna dei diplomi e la preghiera in occasione delle gare sportive scolastiche. Diversamente è stato giudicato il caso della preghiera all'inizio delle sedute parlamentari, recitata da cappellani retribuiti con soldi pubblici: una tradizione considerata «parte del tessuto della nostra società».

Nel caso degli aiuti statali all'istruzione privata, anche a beneficio di istituti religiosi, la loro costituzionalità viene giudicata sulla base di tre criteri: che la legge abbia una «finalità laica»; che il suo effetto principale non sia quello di «favorire o impedire la religione»; che non vi sia un «eccessivo coinvolgimento» dello stato. Nel caso di aiuti indiretti, come i buoni scuola, il fattore decisivo è garantire alle famiglie beneficiarie la possibilità di una «scelta vera» fra istituzioni religiose e istituzioni laiche. Fra gli altri casi aventi come parametro l'*Establishment Clause*, si possono ricordare: l'insegnamento di teorie «creazioniste» in alternativa all'evoluzionismo; le parole «one Nation under God» nel giuramento di fedeltà alla bandiera; l'esposizione in luoghi pubblici di presepi e monumenti ai dieci comandamenti.

Come dice il I em., «il Congresso non può fare alcuna legge per proibire la libertà di culto». Questo non esclude che da norme generali e astratte possano derivare limiti al suo esercizio. In questo caso la Corte Suprema bilancia le finalità perseguite dallo stato, nel rispetto del principio di neutralità, e gli obblighi derivanti dall'appartenenza religiosa dei singoli. In talune decisioni la libertà di coscienza dei credenti è stata assunta come valore preminente: ad esempio, è stato giudicato illegittimo negare il sussidio di disoccupazione a un avventista del Settimo Giorno per aver rifiutato di lavorare il sabato, e altrettanto illegittimo imporre l'obbligo scolastico oltre una certa età agli Amish. La Corte ha poi ridotto la portata di quelle decisioni sostenendo che deroghe per motivi religiosi, pur costituzionalmente ammissibili, non sono costituzionalmente dovute in base alla *Free Exercise Clause* (così fu detto in una sentenza del 1990 sull'uso in rituali religiosi dei nativi americani di sostanze allucinogene proibite). Dopo quella sentenza il Congresso e alcuni stati approvarono leggi per il «ripristino della libertà religiosa».

5. *Il I emendamento: la libertà di manifestazione del pensiero*

Il I emendamento garantisce il diritto di esprimere liberamente le proprie opinioni con la parola e con la stampa. Esso si applica anche ai moderni mezzi di comunicazione. Negli ultimi anni, ad esempio, la Corte Suprema ha discusso diversi casi riguardanti Internet, pronunciandosi in particolare sulla costituzionalità di leggi federali anti-pornografia. Anche se l'emendamento si esprime in termini assoluti, la libertà di pensiero incontra limiti. Tali limiti riguardano «tempi, luoghi e modi» in cui il pensiero viene manifestato, ma non il suo contenuto. Certe forme di espressione non sono costituzionalmente tutelate (l'osceno).

Il Congresso, che in base al I em. «non può fare alcuna legge per limitare la libertà di parola o di stampa», nel 1798 approvò il *Sedition Act* per punire il reato di «seditious libel», cioè un reato di opinione consistente nel criticare il governo con dichiarazioni o scritti «falsi, scandalosi e maliziosi» (gli imputati avrebbero potuto discolparsi dimostrando la «verità» delle proprie affermazioni). La Corte Suprema non ebbe modo di pronunciarsi sulla costituzionalità di quella legge, ma rievocò la vicenda più di un secolo e mezzo dopo in una decisione che riscrisse le leggi in materia di diffamazione a mezzo stampa (*New York Times v. Sullivan* del 1964). Un reato come la «diffamazione sediziosa», disse la Corte, tradisce lo spirito del I em.; la c.d. *defense of truth* non costituisce una adeguata garanzia perché «induce all'autocensura». La Corte ritenne invece necessario affermare un differente principio, il c.d. *actual malice*: sul funzionario pubblico che intenta una causa per diffamazione ricade la prova del dolo, deve ciò dimostrare che le affermazioni nei suoi confronti sono state fatte sapendo che erano false o senza curarsi di verificare se fossero false o meno. Nel caso in questione il New York Times era stato condannato dai tribunali statali a un risarcimento danni di 500 mila dollari, una grossa cifra a quel tempo. Il principio fu poi esteso dai funzionari pubblici ai «personaggi pubblici».

Uno dei temi più importanti nella giurisprudenza sul I em. è il bilanciamento fra libertà di espressione e ordine pubblico: quali limiti possono essere posti in nome della sicurezza nazionale? La Corte Suprema affrontò il tema in due periodi storici: l'entrata degli Stati Uniti nella Prima Guerra mondiale e il secondo dopoguerra. Nel 1917-18 il Congresso approvò un *Espionage and Sedition Act*. Negli anni successivi la Corte confermò le condanne emesse in base a tale legge contro gli oppositori della guerra, nonché le condanne emesse in base a leggi statali contro militanti dell'estremismo politico e sindacale. Nel 1940 il Congresso approvò lo *Smith Act* che introdusse il reato di propaganda sovversiva. Negli anni della Guerra fredda, mentre il Congresso indagava sulle «un-American activities» e varava altre norme contro la sovversione interna, la legge servì per processare i capi del partito comunista, le cui condanne furono confermate dalla Corte nel 1951. La giurisprudenza sulle opinioni anti-sistema è fondata sul principio del «pericolo evidente e immediato» (*clear and present danger*), teorizzato negli anni Venti dai giudici progressisti Holmes e Brandeis. Esso è stato applicato con varie sfumature, ponendo l'accento ora sul primo ora sul secondo aggettivo, sulla gravità o sull'imminenza del pericolo nonché sul «grado di probabilità» del suo avverarsi (l'interpretazione più garantista si trova in una sentenza del 1969 che annullò la condanna di un membro del Ku Klux Klan).

È tutelata anche la manifestazione del pensiero attraverso azioni simboliche e dimostrative. Nelle parole del giudice Brennan: «il governo non può proibire l'espressione di un'idea semplicemente perché la società trova l'idea in sé offensiva o inaccettabile». In tal caso un'idea espressa bruciando la bandiera, una forma di protesta anch'essa tutelata dal I emendamento (*Texas v. Johnson* del 1989).

6. *I diritti nel processo penale*

Il IV em. tutela il diritto dei cittadini alla «sicurezza della loro persona e casa, delle loro carte ed effetti, contro perquisizioni e sequestri ingiustificati»; vieta il rilascio di mandati «senza fondati motivi»; prescrive che i mandati debbano contenere «una descrizione dettagliata del luogo da perquisire e delle persone o cose da requisire». Corollario al IV em. è la regola di esclusione probatoria (c.d. *exclusionary rule*), enucleata dalla Corte Suprema come deterrente a possibili abusi delle forze dell'ordine: le prove acquisite in violazione delle garanzie costituzionali non possono essere usate nel processo. Essa si applica agli stati dalla decisione *Mapp v. Ohio* del 1961.

Il V em. prevede tre garanzie: nessuno può rispondere per reati comportanti la pena capitale o per reati gravi se non previo atto di accusa deliberato da una «grand jury»; nessuno può essere sottoposto a «double jeopardy», cioè essere processato due volte per un medesimo delitto; nessuno può essere obbligato, in qualsiasi procedimento penale, a «testimoniare contro se stesso». L'emendamento, oltre a contenere il principio del *due process*, tutela la proprietà privata (espropriazione per «uso pubblico» e dietro «equo indennizzo»). Alla *Self-Incrimination Clause* è legata la celeberrima decisione della Corte Suprema nel caso *Miranda v. Arizona* del 1966, sull'ammissibilità delle confessioni ottenute negli interrogatori di polizia. Appellarsi al quinto emendamento è un'espressione entrata nel linguaggio comune, rifiutare appunto di testimoniare e rispondere alle domande. Le confessioni in violazione delle procedure stabilite dalla sentenza (c.d. *Miranda rights*), non possono essere usate nel processo. I diritti devono essere letti in termini chiari e inequivocabili dalla polizia al momento dell'arresto o comunque prima dell'interrogatorio. È una scena che tutti hanno visto nei film americani, un agente che avverte il sospettato preso in custodia: «hai il diritto a rimanere in silenzio, qualunque cosa dirai potrà essere usata contro di te in tribunale, hai il diritto ad avere un avvocato, se non puoi permetterti un avvocato ne sarà nominato uno d'ufficio». *Miranda* è un rito che è diventato «parte della nostra cultura nazionale».

Il VI em. elenca i diritti dell'imputato nei procedimenti penali: a un «processo sollecito e pubblico» da parte di una «giuria imparziale» composta da persone «dello stato e del distretto in cui il reato è stato commesso, il cui distretto sarà previamente stabilito dalla legge»; a «essere informato della natura e del motivo dell'accusa»; a «essere messo a confronto con i testimoni a suo carico»; a «ottenere di far comparire i testimoni a suo favore»; ad «avere l'assistenza di un avvocato per la sua difesa». Tutto ciò è tipico del modello accusatorio, familiare anche grazie a tanti film ambientati in un'aula di giustizia: il giudice che chiede all'imputato di dichiararsi colpevole o non colpevole, la selezione della giuria, il processo con i testimoni chiamati al banco, con il giuramento di dire «la verità, tutta la verità, nient'altro che la verità», e l'esame incrociato dell'accusa e della difesa, le obiezioni degli avvocati delle due parti, le arringhe conclusive, le istruzioni del giudice alla giuria che si ritira per deliberare, la lettura del verdetto. L'accusa deve provare la colpevolezza (l'imputato quindi è innocente fino a prova contraria) dimostrandola oltre ogni ragionevole dubbio. La prova «beyond a reasonable doubt» è considerata dalla Corte un principio fondamentale in base alla *Due Process Clause*. A differenza della finzione dei *court-drama* cinematografici, il dibattimento processuale è evento piuttosto raro. Nella stragrande maggioranza dei casi non si arriva al processo, perché le parti ricorrono al patteggiamento (*plea agreement*), una caratteristica centrale della giustizia americana. La caratteristica essenziale del processo è invece la presenza della giuria (diritto al *trial by jury*, che venne richiamato anche nella Dichiarazione di indipendenza). Le giurie sono di norma composte da dodici cittadini (le grandi giurie il doppio) e rendono il verdetto all'unanimità. Il VI em. è il fondamento costituzionale del gratuito patrocinio. Il diritto all'assistenza legale per i non abbienti nei processi statali è stato riconosciuto con la decisione *Gideon v. Wainwright* del 1963.

Come tutti i diritti processuali garantiti dal *Bill of Rights*, anche il diritto a un avvocato non è indisponibile. Il VI em. implica il diritto dell'imputato a difendersi da solo. Altro esempio è la garanzia del *double jeopardy*: se l'imputato è stato assolto, l'accusa, cioè il governo, non può ricorrere in appello; se l'imputato è stato condannato, egli può presentare appello, ma così facendo rinuncia alla garanzia e rischia un nuovo processo in caso di annullamento della condanna originaria.

L'VIII em. vieta le «cauzioni e ammende eccessive» e afferma il principio di proporzionalità e di umanità della pena, vietando l'inflizione di «pene crudeli e inconsuete». Parlare dell'VIII em. vuol dire parlare soprattutto della pena di morte negli Stati Uniti. La pena di morte, come mostrano i sondaggi, è accettata e approvata dalla maggioranza degli americani. Essa è prevista in 38 stati e a livello federale. L'attuale dibattito va ricondotto a due sentenze degli anni Settanta. Nel 1972 la Corte concluse che l'imposizione e applicazione della pena capitale «in questi casi» era incostituzionale. Le esecuzioni vennero sospese (in realtà non ce n'erano più state dal 1967) e gli stati modificarono le loro leggi per adeguarle ai rilievi formulati dai giudici supremi. Nel 1976 la Corte si pronunciò sulle nuove discipline statali e le giudicò costituzionali. Nel gennaio 1977 avvenne la prima esecuzione dopo dieci anni (per fucilazione in Utah). Nel dicembre 2005 è stato superato il numero di mille esecuzioni (negli ultimi anni quasi tutte per iniezione letale). Fra la condanna e l'esecuzione passano in media una decina di anni, il tempo di tutti i possibili appelli e sospensioni (l'ultima carta è il potere di «grazia» del governatore). La popolazione nei bracci della morte supera annualmente le tremila unità. La Corte Suprema esamina molto spesso casi riguardanti la pena capitale (o su ricorsi di *certiorari* o su ricorsi di *habeas corpus* presentati da detenuti in attesa di esecuzione). La costituzionalità della pena di morte in quanto tale non è mai stata messa in discussione. Tuttavia, molte decisioni hanno posto varie limitazioni procedurali e sostanziali. Fra le sentenze più recenti, quella del 2002 che ha vietato l'esecuzione di persone mentalmente ritardate e quella del 2005 che ha abolito la pena di morte per i minori di 18 anni.

7. *Un nuovo diritto costituzionale: la privacy*

Nel 1890 due autori americani, Louis Brandeis e Samuel Warren, scrissero sull'«Harvard Law Review» un articolo dal titolo *The Right To Privacy*, considerato il più influente articolo mai apparso su una rivista giuridica. Brandeis poté poi mettere alla prova come giudice supremo le sue teorie sul «diritto a essere lasciati in pace» (*right to be let alone*). Dovettero però passare molti anni prima che quelle tesi divenissero maggioritarie. La scoperta in Costituzione di un tale diritto avvenne infatti con la decisione *Griswold v. Connecticut* del 1965. L'ambito preminente e più discusso della nuova garanzia costituzionale è quello dei diritti in materia di sessualità e riproduzione.

In precedenza si parlò di diritto alla privacy intendendo l'inviolabilità del domicilio, secondo l'aforisma «a man's home is his castle», in casi aventi come parametro il IV emendamento. Il caso più famoso riguardò le intercettazioni telefoniche: nel 1928 la Corte Suprema non le considerò una «perquisizione» nel senso del IV em. (perché non vi era stata violazione della proprietà privata). Questa decisione venne rovesciata nel 1967: l'emendamento tutela «le persone, non i luoghi fisici», ed è una delle norme costituzionali che proteggono la privacy individuale.

Due anni prima la Corte si era pronunciata nel caso *Griswold* su una legge che vietava la contraccezione, concludendo che essa violava il «diritto alla privacy coniugale». Un diritto non esplicitamente previsto dalla Costituzione, ma rinvenibile nella «penombra» di varie garanzie del *Bill of Rights*. Come si chiese il giudice Douglas: «vogliamo permettere alla polizia di perquisire i sacri recinti delle camere da letto alla ricerca di prove dell'uso di contraccettivi?». Nel 1972 la Corte affermò lo stesso principio per le coppie non sposate.

Nel 1973 (caso *Roe v. Wade*) la Corte dichiarò incostituzionali le leggi statali che vietavano l'aborto in tutti i casi tranne che come procedura per salvare la vita della madre. Il giudice Blackmun affermò che la *Due Process Clause* «tutela il diritto alla privacy, incluso il diritto della donna a interrompere la gravidanza». Per definirne i limiti la Corte elaborò lo schema dei trimestri: nei primi tre mesi di gravidanza lo stato non può interferire sulla decisione di abortire; nel secondo trimestre lo stato può regolamentare l'aborto, ma solo ai fini della salvaguardia della salute della madre; negli ultimi tre mesi lo stato può restringere l'aborto e anche proibirlo, tranne nel caso in cui sia necessario per la vita o la salute della madre.

Negli anni successivi la Corte difese la sentenza *Roe* arrivando a definire l'aborto «diritto fondamentale della donna». La Corte iniziò poi a modificare il suo atteggiamento e a rivedere alcuni punti della sentenza del 1973, fermandosi però di fronte ai tentativi di *overruling*. Ad esempio, nel 1989 (caso *Webster*) tutte le limitazioni previste da una legge statale il cui preambolo recitava «la vita di ogni essere umano comincia al concepimento» vennero giudicate costituzionalmente legittime. La maggioranza in *Webster* fu 5 a 4: gli unici due dissenzienti in *Roe* votarono con la maggioranza, gli altri tre superstiti si ritrovarono in minoranza. Blackmun presagì il peggio.

Del superamento di *Roe* si discusse nel caso *Planned Parenthood v. Casey* del 1992, che riordinò venti anni di giurisprudenza in materia di aborto. Blackmun, ottantatreenne e in procinto di ritirarsi, poté tirare un sospiro di sollievo. Per un voto *Roe* si salvò. Come hanno rivelato le carte del suo archivio, il giudice Anthony Kennedy, inizialmente propenso a votare con la maggioranza conservatrice (il Chief Justice Rehnquist e Byron White, i due dissenzienti del 1972, insieme a Scalia e Thomas), cambiò poi idea e votò il compromesso proposto da Sandra O'Connor, John Stevens e David Souter. La legge sull'aborto della Pennsylvania, che prevedeva fra l'altro il consenso informato e un periodo di attesa di 24 ore prima della procedura, il consenso di un genitore per l'aborto di una minorenne e la notifica al marito per l'aborto di donne sposate, venne considerata costituzionale, tranne l'obbligo di notifica del coniuge. Nello stesso tempo cinque giudici concordarono nel riaffermare il nucleo essenziale della sentenza *Roe*: la libertà di scelta della donna è un diritto costituzionale tutelato dalla *Due Process Clause*, nei limiti definiti dal concetto di «vitalità del feto». Venne invece abbandonato il rigido schema dei trimestri. Prima del raggiungimento dello stadio vitale non possono essere frapposti «ostacoli sostanziali» al diritto della donna, pur potendo lo stato perseguire l'interesse a proteggere la «vita potenziale» fin dall'inizio della gravidanza. La costituzionalità delle normative statali deve essere giudicata sulla base del principio del c.d. *undue burden*. Dopo lo stadio vitale devono essere comunque previste «eccezioni per le gravidanze che comportino un pericolo per la vita o per la salute della donna».

I quattro giudici in minoranza furono chiari: «crediamo che *Roe* sia una decisione sbagliata e che possa e debba essere superata». Oggi nessuno dei giudici che si pronunciarono in *Roe v. Wade* fa più parte della Corte. Nella Corte Suprema del 2006, della quale fanno parte cinque giudici presenti al tempo di *Casey* e quattro giudici nominati successivamente, rimane una maggioranza di almeno 5 a 4 contraria al superamento di *Roe*, anche dopo le ultime due nomine effettuate nel 2005 dal presidente Bush. Si noti che se il precedente *Roe* fosse superato, la conseguenza non sarebbe di proibire l'aborto, ma di rimettere la materia tutta intera nelle mani dei parlamenti statali.

8. *Esiste un diritto costituzionale alle armi da fuoco?*

Marge: Nessuno userà questa pistola. La televisione ha detto che il 58 per cento spara più a un membro della famiglia che a un intruso.

Homer: La televisione ha detto così? Ma io ho diritto a una pistola. Lo dice la Costituzione.

Lisa: Papà, il secondo emendamento è solo un residuo dei giorni della Rivoluzione. Non significa più niente.

Homer: E invece ti sbagli alla grande, Lisa. Se io non avessi questa pistola, il re d'Inghilterra potrebbe entrare qui in qualunque momento e mettersi a comandarci a bacchetta.

Come tanti aspetti della cultura americana, il tema di cui si parla è colto benissimo nei cartoni animati della serie *I Simpson*. La libertà di possedere armi è un tema particolarmente sentito negli Stati Uniti. Nel dibattito sulla regolamentazione dell'acquisto, del possesso e dell'uso privato di armi da fuoco si confrontano, da un lato, i fautori di misure dirette al controllo delle armi, che vogliono appunto limitarne la libera vendita o proibirla del tutto, o almeno proibire certi tipi di arma;

dall'altro i sostenitori del diritto di ogni cittadino ad avere un'arma, come la National Rifle Association, che pretendono trattarsi di un diritto di rango costituzionale. Di questo si parla perché nel II em. della Costituzione degli Stati Uniti compaiono le parole «diritto di detenere e portare armi», il quale «non può essere violato». Il «diritto alle armi» è protetto nelle costituzioni di quasi tutti gli stati, anche per autodifesa personale (le sole eccezioni sono California, Iowa, Maryland, Minnesota, New Jersey, New York).

Dal punto di vista giuridico la questione riguarda quindi l'interpretazione del II em., una norma scritta nel 1789 e praticamente ignorata dalla Corte Suprema. Per quanto ciò possa sorprendere, dati i continui richiami a esso, su questo emendamento non esiste una vera e propria giurisprudenza, perché l'unica decisione rilevante della Corte è una sentenza del 1939. Di conseguenza, il problema della sua eventuale applicazione agli stati non si è mai posto.

Il II em. contiene una clausola introduttiva: «essendo una milizia ben organizzata necessaria alla sicurezza di uno stato libero». Alla milizia fanno riferimento anche alcune norme della Costituzione originaria (art. I sez. 8 cc. 15 e 16, art. II sez. 2 c. 1). Alla fine del XVIII secolo il termine milizia indicava una forza statale composta da tutti gli uomini idonei al servizio militare, vista come il naturale contrappeso a un esercito federale permanente. Era vivo il ricordo delle azioni dell'esercito britannico per sottomettere le colonie prima della guerra rivoluzionaria. Gli eserciti permanenti in tempo di pace erano considerati una minaccia alla libertà, e perciò avrebbero dovuto «essere evitati», come fu scritto nella Dichiarazione dei diritti della Virginia (la frase è presente in diverse costituzioni statali) e come fu anche proposto alla Convenzione di Filadelfia. Pur non accogliendo quella proposta, la Costituzione istituì vari limiti e controlli sulle forze armate, a partire dal principio di subordinazione del potere militare al potere civile. Nel *Bill of Rights* venne inoltre vietato in tempo di pace l'acquartieramento di truppe in case private senza il consenso del proprietario (III em.). In quel contesto storico l'idea era dunque quella di un piccolo esercito permanente, affiancato dai cittadini-soldati della milizia di ciascuno stato.

L'emendamento parla poi di «diritto dei cittadini» (*right of the people*) e usa due verbi: «detenere» e «portare». Il primo verbo aveva un significato preciso. Nelle milizie americane di un tempo, disciplinate dal *Militia Act* del 1792, ogni cittadino arruolato era tenuto a procurarsi da sé le armi e le teneva appunto in proprio possesso. Una cosa del genere esiste oggi in Svizzera, il cui esercito, come afferma la Costituzione elvetica, «è organizzato fondamentalmente secondo il principio di milizia». Nello *Us Code* si distingue fra «unorganized militia», formata da tutti i cittadini maschi adulti, e «organized militia». La milizia organizzata è la Guardia nazionale, istituita dal *Militia Act* del 1903, una forza militare professionale equipaggiata e addestrata allo stesso modo delle forze armate degli Stati Uniti, al servizio dello stato e della nazione. La Guardia nazionale di ogni stato costituisce la «componente di riserva» dell'esercito degli Stati Uniti. Altre milizie statali, chiamate «forze di difesa statale» e autorizzate dalla legge federale, costituiscono la riserva delle guardie nazionali.

Qual è dunque il significato del II emendamento? E qual è il collegamento fra le sue due parti? Da un lato, l'emendamento può essere visto come una norma a tutela degli stati; dall'altro, si può ricavare da esso l'esistenza di un diritto individuale (dal momento che la milizia un tempo non era un'entità militare distinta, ma un corpo composto dai cittadini armati). Il II em., semplificando, può essere ricondotto a due modelli interpretativi: il modello «collettivo», come diritto dello stato di mantenere un'efficace milizia; il modello «individuale», come diritto soggettivo di detenere e portare armi, anche al di fuori del servizio nella milizia. L'interpretazione «collettiva», che trae argomenti dal lontano precedente della Corte Suprema, è quella generalmente accolta dai tribunali federali, ma per la prima volta nel 2001 una corte di appello ha riconosciuto nel II em. un diritto soggettivo.

CAPITOLO NONO

LE RELAZIONI INTERNAZIONALI

1. *Politica estera e difesa: le attribuzioni costituzionali*

La Costituzione (art. II) attribuisce al presidente il potere di «stipulare trattati». È prevista la procedura di *advice and consent* del Senato, come per le nomine presidenziali, ma nel caso dei trattati a maggioranza qualificata: due terzi dei voti. Di trattati si parla anche nell'art. I il quale sottrae ai singoli stati ogni competenza su atti di diritto internazionale, e nell'art. VI che li include fra le fonti che formano la «legge suprema del paese». L'art. II attribuisce al presidente la funzione di «comandante in capo» (*commander in chief*) delle forze armate degli Stati Uniti. Alle due Camere del Congresso spetta, in base all'art. I, «dichiarare guerra», mentre agli stati non è consentito «mantenere truppe e navi da guerra in tempo di pace» e «impegnarsi in una guerra, salvo in caso di invasione o di pericolo così imminente da non ammettere alcun indugio». Fra le nomine spettanti al presidente, la Costituzione menziona espressamente «ambasciatori, altri rappresentanti diplomatici e consoli»; il presidente «riceve» i diplomatici stranieri. Fra le competenze enumerate del Congresso, sono inclusi i codici e i bilanci militari.

Tutte queste disposizioni definiscono appunto i poteri degli organi del governo federale, esecutivo e legislativo, in materia di affari esteri e di difesa. La previa approvazione parlamentare ai fini della ratifica dei trattati e della dichiarazione di guerra, prevista da tutte le costituzioni contemporanee, era un contenuto avanzatissimo per un testo costituzionale di fine Settecento. Nell'ex madrepatria tali decisioni costituivano prerogativa regia. Il presidente americano, responsabile della politica estera e comandante delle forze armate, era assoggettato, invece, ai freni e contrappesi della Costituzione.

La maggioranza dei due terzi è un contrappeso particolarmente forte. Esistono esempi famosi di trattati respinti dal Senato, anche se in tutta la storia ciò è avvenuto soltanto ventuno volte (l'ultima nel 1999 con il trattato per la proibizione totale degli esperimenti nucleari). In molti altri casi, sapendo che su certi trattati il consenso non sarebbe stato sufficiente, si è preferito non metterli nemmeno in votazione e lasciarli nei cassetti della commissione esteri. Si consideri poi che nell'approvare un trattato il Senato può apporre riserve e dichiarazioni, in sostanza può emendarlo (e se quelle modifiche non sono poi accolte dal presidente o dall'altra parte contraente, il trattato non potrà entrare in vigore). Il regolamento del Senato prevede che i due terzi non sono necessari sugli emendamenti, ma solo sulla risoluzione finale di *advice and consent*.

I trattati sono posti nel sistema delle fonti federali sullo stesso piano delle leggi: i loro rapporti sono regolati secondo il criterio cronologico (il Congresso può cioè derogare a un trattato con una legge successiva). Altra questione è la possibilità di denunciare trattati, che vari presidenti hanno esercitato in proprio, come la revoca di membri dell'amministrazione, senza richiedere il consenso parlamentare. Accordi internazionali, assunti in forma diversa dai trattati, sono: gli «executive agreements», che non richiedono il voto del Senato, e i «congressional-executive agreements», che sono approvati da entrambe le Camere ma senza che sia richiesta la maggioranza di due terzi.

La nomina degli ambasciatori è soggetta all'approvazione del Senato (con le audizioni davanti alla commissione esteri). Va notato che queste cariche non sono tutte ricoperte da personale di carriera. Una parte non irrilevante (ad esempio, in molte ambasciate d'Europa) è nominata dal presidente con scelta politica discrezionale, premiando i più generosi e fedeli dei propri sostenitori.

2. *I «poteri di guerra»*

Il modo in cui si distribuiscono i «poteri di guerra» fra presidente e Congresso è questione da sempre dibattuta. Nel 1973 il Congresso volle chiarirla con una legge chiamata *War Powers Resolution*, nata sull'onda degli eventi in Vietnam.

Nella fase della c.d. vietnamizzazione del conflitto, dopo la promessa del presidente Nixon di una «pace con onore», fino agli accordi di Parigi firmati nel gennaio 1973, le truppe americane continuarono a subire notevoli perdite; la guerra fu estesa con incursioni nei paesi confinanti; massicci bombardamenti colpirono le città del Nord Vietnam. Delle decisioni prese dall'amministrazione il Congresso veniva tenuto all'oscuro.

La guerra del Vietnam (1964-73) non fu una guerra «dichiarata» ufficialmente. Deliberazioni dello stato di guerra da parte del Congresso, ai sensi dell'art. I della Costituzione, sono state approvate undici volte in cinque diversi conflitti: nel 1812 con la Gran Bretagna; nel 1846 con il Messico; nel 1898 con la Spagna; nel 1917 con la Germania e l'Austria-Ungheria; nel 1941 con il Giappone, la Germania e l'Italia, e nel 1942 con la Bulgaria, l'Ungheria e la Romania. Dichiarazioni di guerra non sono state più approvate dopo la Seconda Guerra mondiale. Così, nella guerra di Corea (1950-53), gli Stati Uniti intervennero sulla base di risoluzioni del Consiglio di sicurezza delle Nazioni Unite, che avevano chiesto agli stati membri di inviare forze per respingere l'aggressione del Nord contro il Sud, autorizzando un comando unificato a guida americana sotto bandiera ONU. Il progressivo coinvolgimento nel Sudest asiatico avvenne in modo incrementale, a partire dalla formazione dei due Vietnam negli anni Cinquanta.

Nell'agosto 1964, dopo un presunto attacco nordvietnamita contro la marina americana, il presidente Johnson chiese e ottenne dal Congresso, praticamente all'unanimità, l'approvazione e il sostegno alla sua decisione «di prendere tutte le misure necessarie per respingere qualsiasi attacco armato contro le forze degli Stati Uniti e prevenire ogni ulteriore aggressione» (c.d. risoluzione del Golfo del Tonchino). Pur non essendo stata votata una formale dichiarazione di guerra, l'intervento fu quindi approvato con atto legislativo, secondo una prassi già utilizzata in altre epoche (a fine Settecento la guerra navale con la Francia; a inizio Ottocento le guerre con gli stati corsari dell'Africa settentrionale, c.d. *Barbary Wars*). Una legge del 1971 stabilì che la risoluzione aveva esaurito i suoi effetti.

La *War Powers Resolution* fu concepita dal Congresso come un mezzo per riportare sotto controllo lo straripante potere presidenziale. Dal punto di vista del presidente, essa venne invece considerata un'illegittima menomazione della funzione di comandante in capo. Nixon, infatti, la respinse ponendo il veto, ma il Congresso riuscì a superarlo con la prescritta maggioranza di due terzi. Da allora, tutte le volte in cui il presidente ha deciso di inviare militari in missioni o conflitti all'estero senza previa approvazione congressuale (negli anni Ottanta, ad esempio, Grenada, Libano, Panama), si è posta la questione del rispetto delle procedure previste dalla legge.

Cosa prevede? Il suo scopo è di «assicurare che il giudizio collettivo sia del Congresso sia del presidente si applichi all'impiego delle forze armate in ostilità o in situazioni nelle quali l'imminente coinvolgimento in ostilità è chiaramente indicato dalle circostanze». La legge limita l'esercizio delle attribuzioni costituzionali del presidente in qualità di comandante in capo soltanto a tre casi: «a seguito di 1) una dichiarazione di guerra, 2) specifica autorizzazione legislativa, o 3) una emergenza nazionale provocata da un attacco agli Stati Uniti». Il presidente è tenuto a consultarsi con il Congresso «in ogni possibile circostanza» prima di iniziare operazioni militari; entro le successive quarantotto ore deve presentare una relazione indicando le «ragioni che impongono l'invio delle forze armate», la «base costituzionale e legislativa» e l'«ampiezza e durata stimata» del loro impiego. Nel corso delle operazioni il presidente è tenuto a consultarsi «regolarmente» e a riferire per iscritto almeno una volta ogni sei mesi. Anche la prosecuzione delle stesse dipende dal Congresso.

Entro sessanta giorni dalla trasmissione della relazione, il presidente «deve porre fine all'impiego delle forze armate», a meno che il Congresso non abbia nel frattempo dichiarato guerra o autorizzato l'uso della forza. Il Congresso può anche decidere di estendere il termine «nel corso di un sollecito ritiro delle forze», per non più di trenta giorni (il presidente deve attestare «ineludibili esigenze militari»). Questo termine, di 60 o 90 giorni, si riferisce alle situazioni di aperto conflitto o di imminente conflitto. Il Congresso può comunque decidere in qualsiasi momento, approvando una «concurrent resolution», la fine delle operazioni.

L'applicazione della *War Powers Resolution* è spesso stata fonte di contrasti, sia perché il Congresso non è stato adeguatamente consultato o informato sia perché il presidente ha riferito omettendo di citare nelle relazioni la norma dalla quale deriva il limite temporale. Legislativo ed esecutivo sono sempre rimasti sulle proprie posizioni; tutti i presidenti hanno continuato a considerare la legge incostituzionale. I suoi effetti sono discussi: per alcuni, essa è servita a frenare le spinte presidenziali; per altri, se l'obiettivo era dare effettivamente al Congresso voce in capitolo, essa non ha ottenuto grandi risultati.

Se si contano i casi di impiego delle forze armate, come è stato fatto (*Instances of Use of United States Armed Forces Abroad* è il titolo di un rapporto del servizio studi del Congresso), se ne possono elencare centinaia: da azioni limitate a protezione di cittadini e interessi americani a veri e propri interventi in conflitti armati più o meno prolungati. Dal 1975 al 2005 i presidenti hanno trasmesso al Congresso 118 relazioni «conformi alla *War Powers Resolution*». Se guardiamo ai casi più recenti, un intervento «autorizzato» è stato la Guerra del Golfo Persico del 1991. Essa fu preceduta dal voto su una risoluzione legislativa, richiesta dal presidente George H.W. Bush, che pure sosteneva di non averne bisogno, con cui lo si autorizzava a «usare le forze armate a seguito della risoluzione 678/1990 del Consiglio di sicurezza delle Nazioni Unite» (quella che aveva autorizzato gli stati membri all'uso della forza contro l'invasione irachena del Kuwait). La risoluzione, che il Congresso approvò dopo un acceso dibattito (250 voti a 183 alla Camera, 52 a 47 al Senato), è stata utilizzata per coprire anche tutte le successive azioni militari in Iraq, dal cessate il fuoco del 1991 fino al 2002. Negli altri casi degli anni Novanta, durante le amministrazioni Clinton, non c'è stata autorizzazione congressuale. Si trattava dell'uso delle forze armate nel quadro di operazioni ONU o NATO: l'intervento nella guerra civile in Somalia, culminato nella «battaglia di Mogadiscio» dell'ottobre 1993, cui seguì la decisione del presidente di ritirarsi in brevissimo tempo; le campagne aeree in Bosnia-Erzegovina nel 1995 e in Kosovo nel 1999 e il successivo dispiegamento delle truppe nelle forze multinazionali di stabilizzazione.

Nel caso dei due conflitti in corso, sette giorni dopo gli attacchi terroristici dell'11 settembre 2001 il Congresso approvò l'*Authorization for Use of Military Force* (420 voti a 1, 98 a 0). La risoluzione, in termini molto ampi, autorizzava il presidente a «usare tutta la forza necessaria e appropriata contro quelle nazioni, organizzazioni o persone che egli stabilisce abbiano pianificato, autorizzato, commesso o aiutato gli attacchi terroristici [...] o abbiano accolto quelle organizzazioni o persone, al fine di prevenire qualsiasi atto di terrorismo internazionale contro gli Stati Uniti». Il 9 ottobre 2001 il presidente George W. Bush inviò al Congresso una relazione per informarlo che le forze armate avevano iniziato le azioni di combattimento in Afghanistan contro i terroristi di al Qaeda e il regime dei talebani (operazione *Enduring Freedom*).

Il 16 ottobre 2002 il Congresso approvò l'*Authorization for the Use of Military Force Against Iraq* (con un margine più ampio che nel 1991: 296 voti a 133, 77 a 23). La risoluzione sosteneva innanzitutto gli sforzi diplomatici del presidente (che poi portarono all'adozione di una nuova risoluzione ONU). Essa lo autorizzava, una volta ritenuti esauriti «ulteriori mezzi diplomatici o pacifici», a «usare le forze armate nella misura che egli stabilisce sia necessaria e appropriata al fine di 1) difendere la sicurezza nazionale degli Stati Uniti contro la continua minaccia posta dall'Iraq; e 2) applicare tutte le rilevanti risoluzioni del Consiglio di sicurezza delle Nazioni Unite riguardanti l'Iraq». L'obiettivo di «deporre il regime iracheno» era citato nel lungo preambolo della risoluzione. Il 21 marzo 2003 il presidente Bush riferì al Congresso che l'invasione era iniziata (operazione *Iraqi Freedom*).

3. *L'organizzazione militare*

Fu il *National Security Act* del 1947-49 a riorganizzare e unificare i vari apparati militari, istituendo il dipartimento della Difesa (il Pentagono, come viene chiamato dal nome della sua sede). La legge, una riforma fondamentale agli albori della Guerra fredda, istituì anche il National Security Council col compito di «consigliare il presidente in ordine all'integrazione delle politiche interna, estera e militare relative alla sicurezza nazionale». Essa istituì inoltre la Central Intelligence Agency (CIA), il servizio di informazione per le attività all'estero.

Il dipartimento della Difesa è articolato nell'ufficio del segretario della Difesa e in tre dipartimenti interni (esercito, marina e aeronautica, alla cui testa è posto un civile con il titolo di segretario). Del dipartimento fa parte il Joint Chiefs of Staff, presieduto dal capo di stato maggiore della Difesa (*chairman* del JCS) e composto dai capi di stato maggiore delle quattro forze armate (*chief of staff* dell'esercito, capo delle operazioni navali, comandante del corpo dei marines, *chief of staff* dell'aeronautica). La legge definisce il *chairman* del JCS «il principale consigliere militare del presidente». I capi di stato maggiore hanno compiti di «pianificazione, consultazione, formulazione delle politiche». La catena di comando va dal presidente degli Stati Uniti, attraverso il segretario della Difesa, ai generali a quattro stelle posti alla testa di ciascun Unified Combat Command. I comandi unificati sono nove, di cui cinque responsabili delle operazioni in altrettante aree geografiche del mondo: il Central Command (Medio Oriente, Asia centrale, Africa nordorientale), l'European Command (tutta l'Europa e gran parte dell'Africa), il Northern Command (Nord America), il Pacific Command (Estremo Oriente, Asia meridionale e sudorientale, Oceania), il Southern Command (Centro e Sud America). Gli altri quattro comandi unificati hanno responsabilità funzionali (ad esempio, le «operazioni speciali»).

Le quattro forze armate hanno complessivamente un personale in servizio effettivo di 1,4 milioni, tutti volontari. La leva militare, rimasta in vigore dopo la Seconda Guerra mondiale, venne terminata nel 1973 (adesso il *Military Selective Service Act* prevede soltanto l'obbligo per i maschi maggiorenni di registrarsi alle liste di leva). Le spese per la difesa nazionale ammontano a 495,3 milioni di dollari (dato 2005), che corrispondono al 20% delle uscite totali del governo federale e al 4% del prodotto interno lordo. Il dipartimento della Difesa ha più di 600 mila dipendenti civili (il 34% dei dipendenti del governo federale).

Alla Difesa fanno capo, oltre ai servizi delle singole forze armate, quattro agenzie di intelligence che svolgono attività, rispettivamente, di intercettazione elettronica (la National Security Agency, soggetta ai limiti e alle procedure del *Foreign Intelligence Surveillance Act*), rilevamento satellitare, informazione geospaziale, spionaggio militare. Queste agenzie fanno parte a loro volta, insieme alla CIA e ai servizi di altri dipartimenti, della c.d. *intelligence community*, diretta e coordinata, dopo la riforma del 2004, dal «direttore dell'intelligence nazionale». Il direttore, che dispone di un proprio ufficio indipendente, è definito dalla legge «il principale consigliere del presidente nelle materie di intelligence collegate alla sicurezza nazionale». Va sottolineato che non esiste un servizio per la sicurezza interna sul modello dell'MI5 britannico. Attività informative interne sono infatti svolte dall'unità di intelligence dell'FBI, cioè dalla polizia federale nell'ambito di indagini criminali.

4. *Epoche di politica estera americana*

Fra la fine del Settecento e l'inizio dell'Ottocento gli Stati Uniti basarono la loro politica estera su questo paradigma: «il tenerci lontani da alleanze permanenti con qualsiasi parte del resto del mondo», come disse Washington; «la pace, il commercio e l'amicizia sincera con tutte le nazioni, ma senza invischiarci in alleanze con nessuna», come disse Jefferson. Pronunciate dai Padri fondatori, frasi come queste assumevano appunto valore paradigmatico. Sulle scelte di politica estera federalisti hamiltoniani e repubblicani jeffersoniani si divisero fra una linea filobritannica e una linea filofrancese.

I federalisti riuscirono a ottenere nel 1795 la ratifica del Trattato di amicizia, commercio e navigazione con la Gran Bretagna (c.d. trattato Jay) e, durante la presidenza Adams, arrivarono alla rottura con la Francia (denuncia dei trattati del 1778 e c.d. quasi guerra, conclusa con la convenzione del 1800). I jeffersoniani, nel periodo delle guerre napoleoniche, seguirono inizialmente una politica di «coercizione pacifica» per difendere i diritti commerciali e marittimi degli Stati Uniti, nazione neutrale minacciata dai blocchi imposti reciprocamente dai belligeranti (embargo del 1807 su tutte le navi in partenza dai porti americani) e, durante la presidenza Madison, arrivarono a dichiarare guerra alla Gran Bretagna. La guerra del 1812-15 venne combattuta sugli oceani, lungo la frontiera canadese con il tentativo fallito di invasione americana, lungo la costa orientale attaccata dagli inglesi (la capitale Washington venne incendiata). Il trattato di pace ristabilì la situazione prebellica. Oltre ad aver tenuto testa alla potenza britannica, gli americani ottennero un'ultima grande vittoria sul campo di battaglia, a New Orleans guidati dal generale Andrew Jackson, futuro presidente.

Nel 1823 il presidente James Monroe formulò la dottrina che prese il suo nome, con cui vennero fissate le linee guida di politica estera poi riaffermate da tutti i presidenti per tutto il secolo. In seguito alla vittoria dei movimenti indipendentisti in America Latina, Monroe avvertì che un intervento europeo contro le nuove repubbliche americane sarebbe stato interpretato come «manifestazione di inimicizia nei confronti degli Stati Uniti». Al di là di quelle vicende contingenti, la dottrina conteneva due affermazioni generali: si diceva che gli Stati Uniti, da un lato, non avrebbero più accettato colonizzazioni delle potenze europee nell'emisfero occidentale; dall'altro, che non avrebbero mai partecipato alle guerre fra le potenze europee. In ordine agli eventi dell'altra sponda dell'Atlantico, «noi siamo spettatori ansiosi e interessati».

Nel corso del XIX secolo gli obiettivi principali di politica estera furono legati all'espansione continentale, il «destino manifesto» della nazione. Le guerre di Napoleone portarono in dote agli Stati Uniti tutto il territorio della Louisiana, che così raddoppiarono. Se la Francia aveva rinunciato ad avere un impero in America, la Spagna, che lo stava ormai perdendo, si convinse che era arrivato il momento di cedere la Florida. Con la Gran Bretagna esisteva, è sempre esistita ed esiste una *special relationship*. Questo «rapporto particolare» trovò nel quadro strategico della dottrina Monroe una sistemazione reciprocamente vantaggiosa, ma nell'Ottocento, dopo due guerre, continuarono a presentarsi occasioni di conflitto. Una di queste riguardò l'Oregon, la regione del Pacifico nordoccidentale chiamata dagli inglesi Columbia di cui era stata prevista un'amministrazione congiunta. Gli Stati Uniti avevano già ottenuto la rinuncia di tutti i diritti territoriali di spagnoli e russi, e rispetto ai diritti inglesi, rivendicarono all'inizio tutto il territorio fino al confine con l'Alaska russa. Il presidente James Polk non seguì però gli espansionisti più esagitati e decise di risolvere la questione diplomaticamente (uno dei vari trattati anglo-americani di quell'epoca sulla definizione dei confini con il Canada). Nel contempo si preparò ad affrontare con la forza la questione dei territori sudoccidentali dell'ex regno spagnolo (ora Messico indipendente, che si rifiutò di negoziare su proposte di acquisto). Polk provocò deliberatamente un attacco messicano schierando le truppe lungo il confine conteso del Texas, recentemente annesso. Gli Stati Uniti risposero all'«invasione» dichiarando nel 1846 lo stato di guerra, che si risolse in una serie di sensazionali vittorie militari americane. Il Messico fu così costretto a cedere quasi la metà del proprio territorio (una cessione con indennizzo di 15 milioni di dollari).

L'espansione continentale e la «conquista della frontiera» posero la questione dei rapporti con gli indiani, che «occupavano» le terre rivendicate da coloro che le avevano scoperte. Secondo la giurisprudenza della Corte Suprema, gli indiani possedevano infatti soltanto un «diritto di occupazione» e potevano disporne solo a favore della potenza da cui dipendevano. Fu John Marshall a coniare l'espressione «domestic dependent nations» per definire le tribù native, poste «sotto la protezione» del governo degli Stati Uniti. Il governo federale adottò politiche di assimilazione («civilizzare» gli indiani), di trasferimento delle popolazioni in territori di riserva ad ovest (per lo più in zone aride o semi-aride), di distribuzione della proprietà delle terre native a titolo individuale (spezzando i legami comunitari). I rapporti con le tribù venivano allora regolati in forma di trattati (ne furono stipulati circa quattrocento fino al 1871). Alleatisi con gli inglesi, gli indiani uscirono sconfitti dalla guerra del 1812-15. Le guerre indiane furono un lungo capitolo della storia americana, fino agli epici scontri di cavalleria verso la fine del secolo. Quando la politica federale cambiò valorizzando l'autogoverno tribale, con l'*Indian Reorganization Act* del 1934, il territorio indiano era stato più che dimezzato.

Fra la fine dell'Ottocento e l'inizio del Novecento gli Stati Uniti emersero sulla scena internazionale come potenza sempre più coinvolta negli affari del mondo. L'esplosione che affondò la nave Uss Maine nel porto dell'Avana (attribuita a una mina, ma la causa non è mai stata chiarita) portò alla guerra con la Spagna nel 1898 durante la presidenza McKinley. Una guerra sostenuta dall'opinione interventista a sostegno della rivolta cubana contro il dominio spagnolo. La vittoria americana fu rapida e decisiva sia sul fronte dei Caraibi sia su quello del Pacifico. La Spagna abbandonò Cuba e cedette gli altri possedimenti coloniali, fra cui le Filippine che vennero occupate e dove le forze americane si trovarono per diversi anni a fronteggiare una guerriglia locale. Cuba, anch'essa occupata, ottenne l'indipendenza nel 1902, ma gli Stati Uniti, oltre all'affitto della baia di Guantanamo (la sede oggi di una base navale), si riservarono un «diritto di intervento» negli affari interni. Gli interventi negli anni successivi, a Cuba e in altri paesi del Centro America, vennero giustificati come «esercizio di un potere di polizia internazionale», in base al corollario alla dottrina Monroe enunciato dal presidente T. Roosevelt nel 1904 (poi sostituito dalla c.d. politica di buon vicinato). Roosevelt fu il primo presidente a compiere una visita ufficiale all'estero, a Panama nel 1906 durante i lavori per il canale. La costruzione di un canale interoceanico era stata una questione centrale di politica estera negli ultimi decenni, e alla fine si era risolta in un completo successo per gli Stati Uniti. Dopo aver appoggiato nel 1903 una rivolta panamense per l'indipendenza dalla Colombia, avevano ottenuto dalla nuova repubblica l'uso, occupazione e controllo in perpetuo della zona del canale (e lo hanno mantenuto, dopo il trattato di restituzione del 1977, fino al 1999).

L'intervento nella Prima Guerra mondiale avvenne all'insegna degli ideali espressi dal presidente Woodrow Wilson nei c.d. quattordici punti, proclamati con l'obiettivo di «rendere il mondo sicuro per la democrazia». Wilson, che era stato appena rieletto proprio per aver mantenuto la neutralità, decise nel 1917 di intervenire contro la Germania imperiale, che aveva dichiarato una guerra sottomarina contro tutti. Il Congresso approvò la dichiarazione di guerra ad amplissima maggioranza. Più di un milione di soldati (American Expeditionary Force) vennero inviati a combattere nelle trincee in Francia. La conferenza di pace deluse però le aspettative, troppo ambiziosamente idealistiche, degli americani. Il colpo di grazia fu dato dal Senato, messo di fronte all'intransigenza del presidente che non accettò alcuna condizione sulla partecipazione americana alla Società delle Nazioni. Il Senato respinse il Trattato di Versailles che conteneva anche il patto istitutivo della Società, dalla quale quindi gli Stati Uniti restarono fuori.

Negli anni Venti la politica estera continuò a perseguire obiettivi wilsoniani (il segretario di Stato Frank Kellogg vinse il Nobel per la pace per aver promosso il patto internazionale del 1928 sulla «rinuncia alla guerra») e, negli anni Trenta, scivolò nell'isolazionismo. Di questa politica isolazionista furono espressione le leggi di neutralità, volte a impedire il ripetersi dell'«errore» del 1917, cioè il coinvolgimento in altre guerre non americane (*Neutrality Acts* del 1935-37 che vietavano forniture di armi e prestiti a nazioni belligeranti). Quando scoppiò la Seconda Guerra mondiale, F.D. Roosevelt applicò le leggi dichiarando gli Stati Uniti nazione neutrale. Ma aggiungendo: «una nazione neutrale alla quale non si poteva chiedere di chiudere le menti e le coscienze». Successivamente Roosevelt chiese modifiche alle leggi di neutralità, alle quali si opposero gli isolazionisti, per far diventare gli Stati Uniti «il grande arsenale della democrazia». La modifica fondamentale fu il *Lend-Lease Act* del 1941, che consentiva di produrre, vendere e trasferire a qualsiasi titolo materiale militare a qualsiasi paese la cui difesa fosse considerata dal presidente «essenziale ai fini della difesa degli Stati Uniti». Come disse Roosevelt firmando la legge, essa segnava «la fine di ogni tentativo di *appeasement* nel nostro paese, la fine delle spinte per farci venire a patti con i dittatori, la fine del compromesso con la tirannia e le forze dell'oppressione». L'isolazionismo svanì il 7 dicembre 1941, il giorno dell'attacco giapponese alla base navale di Pearl Harbor nelle Hawaii, seguito, l'11 dicembre, dalla dichiarazione di guerra della Germania nazista. La guerra si sarebbe conclusa con la «resa incondizionata» del nemico, secondo la formula voluta da Roosevelt. Su sua proposta, gli Alleati in guerra con il nazifascismo si chiamarono Nazioni Unite. Roosevelt morì poco prima della fine della guerra in Europa e fu il successore, Harry Truman, a sottoscrivere la Carta dell'ONU a San Francisco nel giugno 1945 (che venne subito approvata dal Senato con due soli voti contrari) e ad assumersi la decisione di sganciare la bomba atomica sul Giappone nell'agosto 1945 per porre fine alla guerra nel Pacifico.

Il secondo dopoguerra, dopo la fine dell'alleanza antinazista con l'Unione Sovietica e l'avvento del mondo bipolare, aprì una nuova epoca, basata sul paradigma della Guerra fredda. Gli Stati Uniti assunsero la leadership del mondo libero di fronte alla minaccia sovietica («il piano di dominio mondiale del Cremlino», come diceva un documento del Consiglio di sicurezza nazionale scritto nel 1950). Il presidente Truman e i suoi segretari di stato, George Marshall e Dean Acheson, furono artefici di scelte fondamentali nella seconda metà degli anni Quaranta: il sostegno ai «popoli liberi che resistono a tentativi di soggiogarli da parte di minoranze armate o di pressioni esterne» (c.d. dottrina Truman); l'*European Recovery*

Program, meglio noto come piano Marshall, una delle iniziative più efficaci della politica estera americana; l'Alleanza Atlantica, cioè la garanzia americana della difesa dell'Europa occidentale. La strategia che venne adottata prevedeva, come scrisse il diplomatico George Kennan, «un contenimento di lungo periodo, paziente e vigile delle tendenze espansionistiche dei sovietici». A tale politica di «contenimento», fondata sulla dissuasione nucleare e sulla capacità di «mutual assured destruction» (c.d. equilibrio del terrore), gli Stati Uniti si sono attenuti per tutta la durata della Guerra fredda.

Berlino, la penisola coreana, il Sudest asiatico, Cuba furono luoghi caldi del confronto Est-Ovest nei primi venti anni di Guerra fredda. La «distensione» caratterizzò gli anni Settanta, con i negoziati fra le due superpotenze per la limitazione degli armamenti (con la firma di un primo trattato a Mosca nel 1972) e la storica visita del presidente Nixon nella Cina comunista. Nixon pose fine all'impegno in Vietnam, in pratica abbandonando a se stesso il Sud. La sconfitta patita, con la caduta di Saigon nel 1975, avrebbe segnato a lungo il morale della nazione: si parlò infatti di «sindrome del Vietnam». Il presidente Carter seguì la linea della distensione e si lasciò alle spalle, disse, «quella sconclusionata paura del comunismo che un tempo ci induceva ad abbracciare qualsiasi dittatore che con noi la condivideva». Negli anni Ottanta il presidente Reagan rilanciò la sfida all'Unione Sovietica, attraverso la competizione militare (le spese per la difesa furono aumentate fortemente) e rialzando i toni dello scontro ideologico con il blocco sovietico (i famosi discorsi sull'«impero del male», sul comunismo destinato ad essere seppellito «sotto il cumulo di cenere della storia»).

Dopo le rivoluzioni del 1989 e la caduta del muro di Berlino, il primo banco di prova fu la crisi nel Golfo Persico. Nell'entusiasmo per il successo della coalizione internazionale guidata dagli Stati Uniti, il presidente George H.W. Bush vide «l'avvento di un nuovo mondo, con la concreta prospettiva di un nuovo ordine internazionale». Negli anni Novanta, dopo la dissoluzione dell'Unione Sovietica, il presidente Clinton seguì una politica di «intervento umanitario», pur fra molte incertezze. Le politiche perseguite con maggiore successo furono quelle che portarono all'istituzione dell'area nordamericana di libero scambio (NAFTA), alla liberalizzazione degli scambi mondiali, alla normalizzazione delle relazioni commerciali con la Cina. Nell'era del dopo-Guerra fredda, come disse Clinton, «l'America si erge come l'unica nazione indispensabile del mondo».

5. *La guerra globale al terrorismo*

L'alba di martedì 11 settembre 2001 si presentava come una giornata mite e quasi senza nubi nel Nordest degli Stati Uniti. Milioni di uomini e donne si preparavano per andare al lavoro. Alcuni si dirigevano verso le Torri Gemelle, gli edifici simboli del World Trade Center a New York City. Altri si recavano ad Arlington, Virginia, al Pentagono. Al di là del fiume Potomac, il Congresso era tornato in sessione. All'altro lato di Pennsylvania Avenue la gente cominciava a mettersi in coda per una visita della Casa Bianca. A Sarasota, Florida, il presidente George W. Bush usciva per una corsa mattutina.

Con questa istantanea inizia la relazione, pubblicata nel 2004, della Commissione nazionale sugli attacchi terroristici dell'11 settembre 2001 (capitolo uno, "*We Have Some Planes*"). I tragici eventi di quel giorno avevano rivelato molte debolezze: secondo la Commissione, si trattava del fatto non solo di non aver saputo vedere il pericolo avvicinarsi, ma di non averlo saputo «immaginare» (in quelle proporzioni, con quelle modalità).

Nel mondo del dopo-11 settembre la «guerra al terrorismo» è così diventata il paradigma della politica estera americana. La sfida del fondamentalismo islamico non era nuova. Basta ricordare la sequenza di attentati di matrice islamica contro obiettivi americani nei dieci anni precedenti: dall'autobomba al World Trade Center nel 1993 agli attentati in Arabia Saudita nel 1995-96, agli attacchi alle ambasciate in Africa orientale nel 1998 (che furono seguiti da una rappresaglia, con il lancio di missili contro i campi di addestramento di al Qaeda in Afghanistan e una fabbrica in Sudan sospettata di produrre armi chimiche), e ancora l'attacco alla nave Uss Cole nel porto di Aden nel 2000. L'11 settembre impose una svolta. Entrata in carica pochi mesi prima muovendo da un approccio «realista», teso a «promuovere l'interesse nazionale» (*Promoting the National Interest* è il titolo di un articolo di Condoleezza Rice pubblicato nella rivista «Foreign Affairs» durante la campagna elettorale), l'amministrazione Bush ha abbracciato una politica improntata a chiarezza morale (il «conflitto fra il bene e il male», la «lotta per la civiltà») e idealismo (l'«espansione della libertà», la «promozione della democrazia», il rifiuto della «stabilità al prezzo della libertà»), fino a proclamare, nel discorso di insediamento per il secondo mandato, che «i più vitali interessi dell'America e i suoi più profondi ideali sono adesso una cosa sola».

La guerra al terrorismo, disse il presidente Bush, è una guerra che va combattuta con «ogni risorsa a nostra disposizione, ogni mezzo diplomatico, ogni strumento di intelligence, ogni misura di ordine pubblico, ogni influenza finanziaria e ogni necessaria arma di guerra», contro una rete terroristica globale e ogni governo che «protegge e sostiene» i terroristi. È una guerra che «non sarà vinta restando sulla difensiva, ma portando la battaglia sul terreno del nemico, distruggendo i suoi piani, affrontando le peggiori minacce prima che si presentino». Quest'ultimo elemento della dottrina Bush è stato formalizzato nei documenti sulla strategia per la sicurezza nazionale: l'«uso preventivo» della forza militare contro la minaccia delle armi di distruzione di massa nelle mani dei terroristi e dei c.d. stati canaglia (*rough states*), perché a questi nemici sono applicabili gli schemi del tempo della Guerra fredda basati sulla dissuasione. Si parla di *preemption*, termine del lessico giuridico, ma si afferma anche che «il concetto di minaccia immediata deve essere adattato alle capacità e agli obiettivi» del nemico terrorista. Per questo molti hanno criticato l'amministrazione Bush per aver prospettato, in realtà, una *preventive war*.

Intervenire in Afghanistan apparve senza scelta, un'azione «nell'esercizio del diritto naturale di autodifesa». Molto più discussa e controversa è stata la scelta di aprire un secondo fronte con l'invasione dell'Iraq, vista da alcuni come una scelta audace, da altri come una rischiosa avventura. Al di là del *casus belli* delle armi di distruzione di massa, una questione aperta e irrisolta da più di dieci anni (da Bush padre a Clinton a Bush figlio), portare i soldati americani a Bagdad è sempre stato così presentato: appunto come un fronte della guerra al terrorismo. Come ha scritto Thomas Friedman, la «vera ragione» di questa guerra è stata la necessità, dopo l'11 settembre, di «colpire qualcuno nel mondo arabo-musulmano»; è stato colpito il dittatore iracheno «perché potevamo farlo, perché se lo meritava e perché era giusto nel mezzo di quel mondo». Su questo azzardo Bush ha giocato tutte le carte della sua presidenza.

Ancor più dopo l'11 settembre si è posto con forza un tema già emerso negli anni Novanta: lo stato delle relazioni transatlantiche. Le posizioni di Robert Kagan, uno studioso neoconservatore, sono state al centro di questo dibattito. Kagan ha scritto che europei e americani «non condividono più una comune visione del mondo», che «vedono le minacce in modo diverso»; multilateralismo è una parola che ha differenti significati sull'una e sull'altra sponda dell'Atlantico, «multilateralisti di principio» gli europei, «multilateralisti strumentali» gli americani. La diversità di vedute è messa bene in evidenza, ad esempio, dalla vicenda della Corte penale internazionale, di cui gli Stati Uniti hanno rifiutato di far parte.

La guerra al terrorismo sta riproponendo un tema di tutti i conflitti armati: il compromesso fra diritti e sicurezza, fra stato di diritto e stato di guerra. Se ne è discusso a proposito del *PATRIOT Act*, le norme antiterrorismo rapidamente varate nelle settimane successive all'11 settembre, le quali peraltro prevedevano una data di scadenza (la legge è stata riapprovata con modifiche nel marzo 2006). Se ne è discusso riguardo alla politica dell'amministrazione sulla detenzione dei prigionieri di guerra (chiamati «unlawful enemy combatants»), una questione che è arrivata fino alla Corte Suprema. Anche se con un'eccezione (il confino nel 1942 dei cittadini e residenti di origine giapponese, allora giudicata legittima dalla Corte, un'ingiustizia riconosciuta dal *Civil Liberties Act* del 1988), i giudici supremi non ebbero remore in passato a dire di no a presidenti di guerra (Lincoln durante la Guerra civile, Truman durante la guerra di Corea), limitandone i poteri di comandante in capo. Ed è proprio questo ciò che la Corte ha fatto con le decisioni del 2005-06, accogliendo i ricorsi presentati da «combattenti nemici» contro l'amministrazione Bush.

CRONOLOGIA
POLITICO-ISTITUZIONALE

CRONOLOGIA POLITICO-ISTITUZIONALE

1606-07	Re Giacomo I concede la carta della Virginia. Fondazione di Jamestown.
1620	*Mayflower Compact* dei pellegrini, fondatori della colonia di Plymouth.
1681	William Penn fonda la Pennsylvania.
1754	Benjamin Franklin propone un progetto di unione intercoloniale (*Albany Plan*).
1763	Si conclude la guerra dei Sette anni fra la Gran Bretagna e la Francia. Avvio della politica inglese di «riorganizzazione imperiale».
1774-75	Le colonie britanniche si riuniscono nel Congresso continentale. Inizio della Rivoluzione americana.
1776	Dichiarazione di indipendenza degli Stati Uniti. I nuovi stati si danno una propria costituzione.
1777	Approvati dal Congresso gli Articoli di Confederazione e Unione perpetua.
1783	Trattato di pace con la Gran Bretagna.
1787-88	Convenzione di Filadelfia: i delegati adottano la Costituzione degli Stati Uniti, che viene poi ratificata dalle convenzioni statali.
1789	George Washington è il primo presidente degli Stati Uniti.
1790	Il primo censimento registra una popolazione di 3.893.874 abitanti.
1791	Ratificato il *Bill of Rights*.
1798-99	Risoluzioni della Virginia e del Kentucky contro il *Sedition Act*.
1800	Il governo federale si trasferisce nella nuova capitale Washington, DC.

1801	John Marshall nominato capo della Corte Suprema.
	Thomas Jefferson è eletto presidente degli Stati Uniti.
1803	Corte Suprema: sentenza *Marbury v. Madison.*
	Trattato con la Francia per l'acquisto della Louisiana.
1812-15	Guerra con la Gran Bretagna.
1820	Compromesso del Missouri sulla schiavitù.
1823	Dottrina Monroe.
1829	Il democratico Andrew Jackson alla Casa Bianca.
1832	Prima convenzione nazionale del partito democratico in un saloon a Baltimora.
	Ordinance of Nullification della Carolina del Sud contro le leggi federali sui dazi.
1845-48	Annessione del Texas.
	Guerra con il Messico.
1848	Convenzione di Seneca Falls per i diritti delle donne.
1850	La California è il 31° stato.
1854	Nascita del partito repubblicano.
1860-61	Il repubblicano Abraham Lincoln eletto presidente. Secessione di undici stati del Sud che formano gli Stati Confederati. Scoppia la Guerra civile.
1865	Fine della Guerra civile con la resa dei sudisti. Assassinio di Lincoln. Abolizione della schiavitù.
1867	Trattato con la Russia per l'acquisto dell'Alaska.
1868	Ratificato il XIV emendamento.
	Impeachment del presidente Andrew Johnson. Il Senato lo assolve: maggioranza 36 voti, colpevole 35, non colpevole 19.
1877	Fine della Ricostruzione postbellica.
1898	Guerra con la Spagna (aprile-dicembre).
	Annessione delle Hawaii (luglio).
1901	Assassinato il presidente William McKinley. Gli succede Theodore Roosevelt.
1917	Ingresso degli USA nella Prima Guerra mondiale.
1929	Crollo della borsa di New York. Grande Depressione degli anni Trenta.

1931	Adottato ufficialmente come inno nazionale lo *Star-Spangled Banner*, scritto da Francis Scott Key nel 1812.
1933	Franklin D. Roosevelt alla Casa Bianca. Riforme del New Deal.
1941	Attacco giapponese a Pearl Harbor. Gli USA dichiarano guerra al Giappone. La Germania nazista dichiara guerra agli USA.
1945	Bombe atomiche sul Giappone.
1947-49	Dottrina Truman. Piano Marshall. Patto Atlantico.
1950-53	Guerra di Corea.
1954	Corte Suprema: *Brown v. Board of Education*.
1960	Alle presidenziali John F. Kennedy sconfigge Richard Nixon.
1962	Crisi dei missili a Cuba.
1963	Il presidente Kennedy è assassinato a Dallas. Gli succede Lyndon Johnson, rieletto nel 1964.
1964-65	*Civil Rights Act* e *Voting Rights Act*.
1965	Escalation del conflitto in Vietnam.
1968	Elezione di Nixon alla presidenza.
1974	Dimissioni di Nixon per lo scandalo Watergate.
1979	Crisi degli ostaggi in Iran.
1980	Ronald Reagan eletto presidente.
1991	Guerra del Golfo.
1992	Bill Clinton eletto presidente.
1994	I repubblicani conquistano la maggioranza del Congresso.
1999	Il presidente Clinton, messo in stato di accusa, è assolto dal Senato.
2000	Dopo cinque settimane di contestazioni per il voto in Florida, l'elezione presidenziale è decisa da una sentenza della Corte Suprema (*Bush v. Gore*); George W. Bush è il 43° presidente.
2001	Attacchi terroristici al World Trade Center e al Pentagono: 3 mila vittime. Guerra in Afghanistan.
2003	Invasione dell'Iraq.
2004	George W. Bush rieletto presidente.

NOTA BIBLIOGRAFICA

NOTA BIBLIOGRAFICA

Si può leggere la Costituzione americana in G. Sacerdoti Mariani, A. Reposo e M. Patrono, *Guida alla Costituzione degli Stati Uniti d'America*, Milano, Sansoni, 1999, che la presenta in un testo a fronte con note e saggi introduttivi. Altre traduzioni italiane (il testo aggiornato è quello che arriva al XXVII emendamento) si trovano in P. Biscaretti di Ruffia, *Costituzioni straniere contemporanee*, vol. I, Milano, Giuffrè, 1994, pp. 3-28, e nell'antologia di documenti di storia costituzionale curata da G.G. Floridia *et al.*, *Lex facit regem, rex facit legem*, Teramo, Arké, 2005, che contiene vari documenti nordamericani dalle colonie alla secessione (pp. 64-120). Il testo tradotto può essere facilmente reperito su Internet, ad esempio la versione italiana nel sito del National Constitution Center. Fra i materiali online in questo sito, la cronologia *Centuries of Citizenship: A Constitutional Timeline*. In lingua originale: il testo annotato e commentato con la giurisprudenza della Corte Suprema in *The Constitution of the United States of America. Analysis and Interpretation*, a cura di J.H. Killian, G.A. Costello e K.R. Thomas, Washington, DC, Us Government Printing Office, edizione 2002 (con supplementi biennali).

Per la traduzione della Dichiarazione del 1776, il testo a fronte con un saggio introduttivo e una nota storica in *La Dichiarazione di indipendenza degli Stati Uniti d'America*, a cura di T. Bonazzi, Venezia, Marsilio, 2003. Per la traduzione italiana dei saggi federalisti del 1787-88: A. Hamilton, J. Madison, J. Jay, *Il Federalista*, Il Mulino, Bologna, 1997. Sui saggi anti-federalisti: *The Anti-federalist Papers and the Constitutional Convention Debates*, a cura di R. Ketchman, New York, Signet Classics, 2003. Sui lavori della Convenzione costituzionale, un testo classico è la raccolta curata da M. Farrand, *The Records of the Federal Convention of 1787*, pubblicata da New Haven, CT, Yale University Press (prima edizione 1911). Sui Padri fondatori e la genesi della Costituzione: *The Founders' Almanac*, a cura di M. Spalding, Washington, DC, Heritage Foundation, 2001.

La più recente traduzione del classico di Alexis de Tocqueville *La democrazia in America*, scritto nel 1835-40, è quella a cura di M. Tesini, Troina, Città Aperta edizioni, 2005.

Fra i volumi di autori italiani sul diritto costituzionale americano: G.P. Lucifredi, *Appunti di diritto costituzionale comparato. Il sistema statunitense*, Milano, Giuffrè, 1997, e G. Bognetti, *Lo spirito del costituzionalismo americano*, vol. I *La costituzione liberale* e vol. II *La costituzione democratica*, Torino, Giappichelli, 1998 e 2000. Va anche ricordata la pubblicazione delle lezioni tenute nel 1949 da G. Maranini, *La Costituzione degli Stati Uniti d'America*, a cura di E. Capozzi, Soveria Mannelli, Rubbettino, 2003.

Fra i manuali di diritto costituzionale scritti da autori americani, è stato qui consultato in particolare R.A. Rossum e G.A. Tarr, *American Constitutional Law*, vol. I *The Structure of Government* e vol. II *The Bill of Rights and Subsequent Amendments*, Belmont, CA, Wadsworth Publishing, 2006. Della stessa casa editrice si segnalano due volumi di scienza politica: E.I. Sidlow e B. Henschen, *America at Odds*, 2006, e B.A. Bardes, M.C. Shelley e S.W. Schmidt, *American Government and Politics Today*, 2006. Per un'introduzione al diritto costituzionale: R.H. Fallon, Jr., *The Dynamic Constitution*, Cambridge, Cambridge University Press, 2004 e, tradotto in italiano, S.M. Griffin, *Il costituzionalismo americano*, Bologna, Il Mulino, 2003.

La definizione della forma di governo citata nel cap. V («government of separated institutions sharing power») è di R.E. Neustadt, *Presidential Power and the Modern Presidents*, New York, Free Press, 1991 (prima edizione 1960). Sul Congresso: S.S. Smith, J.M. Roberts e R.J. Vander Wielen, *The American Congress*, Cambridge, Cambridge University Press, 2005. Sulla Corte Suprema: R.G. McCloskey e S. Levinson, *The American Supreme Court*, Chicago, IL, University of Chicago Press, 2004; *The Oxford Companion to the Supreme Court of the United States*, a cura di K.L. Hall, New York, Oxford University Press, 2005; L. Greenhouse, *Becoming Justice Blackmun*, New York, Times Book, 2006; il numero dell'«e-Journal USA» *The Supreme Court of the United States*, serie *Issues of Democracy*, Washington, DC, Department of State, aprile 2005. Sul federalismo: T.E. Smith, J.R. Marbach e E. Katz (a cura di), *Federalism in America. An Encyclopedia*, Westport, CT, 2005. Sugli ordinamenti statali: la pubblicazione annuale del Council of State Governments, *The Book of the States*, edizione 2006. Sulla politica americana, una miniera di informazioni e dati è raccolta in M. Barone e R.E. Cohen, *The Almanac of American Politics*, Washington, DC, National Journal Group, 2005. Sull'ascesa del movimento conservatore: J. Micklethwait e A. Wooldridge, *La destra giusta*, Milano, Mondadori, 2005. Sulle elezioni del 2004: la pubblicazione del dipartimento di Stato, *Election Guide 2004*, ottobre 2004; Federal Election Commission, *Federal Elections 2004*, maggio 2005; L. Sabato, *Divided States of America*, New York, Longman, 2005. Sulla partecipazione elettorale: M.P. McDonald e S.L. Popkin, *The Myth of the Vanishing Voter*, in «American Political Science Review», vol. 95, n. 4, dicembre 2001. Sulle riforme elettorali: Election Reform Information Project, *Election Reform. What's Changed, What Hasn't, and Why*, febbraio 2006. Sugli istituti di democrazia diretta: M.D. Waters, *The Initiative and Referendum Almanac*, Durham, NC, Carolina Academic Press, 2003. Sull'*impeachment* al presidente Clinton: L.H. Tribe, *And the Winner Is...*, in «New York Times», 12 febbraio 1999, p. A27.

Fra le pubblicazioni ufficiali di agenzie del governo federale: Us Government Printing Office, *Our American Government*, 2003; Office of the Federal Register, *The United States Government Manual*, 2005-06 (pubblicato ogni biennio); le pubblicazioni del dipartimento di Stato, fra le quali: *Outline of the U.S. Government*, 2000; *Rights of the People. Individual Freedom and the Bill of Rights*, 2003; *Outline of the U.S. Legal System*, 2004; *Outline of U.S. History*, 2005.

Sulla storia americana, si segnalano i libri della collana «Le vie della civiltà» del Mulino: B. Bailyn e G.S. Wood, *Le origini degli Stati Uniti*, 1987; D.B. Davis e D.H. Donald, *Espansione e conflitto*, 1987; J.L. Thomas, *La nascita di una potenza mondiale*, 1988; M.E. Parrish, *L'età dell'ansia*, 1995; R. Petrignani, *L'era americana*, 2001; A. Testi, *La formazione degli Stati Uniti*, 2003. Sulla schiavitù: *Slavery and Its Consequences: The Constitution, Equality, and Race*, a cura di R.A. Goldwin e A. Kauffman, Washington, DC, AEI Press, 1988 (in particolare il saggio di H.J. Storing, *Slavery and the Moral Foundations of the American Republic*). Sulla Guerra civile: R. Mitchell, *La guerra civile americana*, Bologna, Il Mulino, 2003.

Numerosi sono i contributi di Massimo Teodori, fra i quali *Storia degli Stati Uniti e il sistema politico americano*, Roma, Newton & Compton, 2004 e *Raccontare l'America*, Milano, Mondadori, 2005. Da segnalare il volume di S. Fabbrini, *L'America e i suoi critici*, Bologna, Il Mulino, 2005.

Sulla società americana: D. Brooks, *Happy Days. Questa è l'America*, Torino, Lindau, 2006; M. Fiorina *et al.*, *Culture War? The Myth of a Polarized America*, New York, Longman, 2005. Sull'immigrazione, i cambiamenti demografici, le relazioni razziali: L.H. Fuchs, *The American Kaleidoscope*, Middleton, CT, Wesleyan University Press, 1990; V.N. Parrillo, *Strangers to These Shores*, Boston, MA, Allyn & Bacon, 2005; S.P. Huntington, *La nuova America*, Torino, Garzanti, 2005. Sulle tribù indiane: J. Utter, *American Indians*, Norman, OK, University of Oklahoma Press, 2002. Si segnalano le pubblicazioni del Population Reference Bureau: *What Drives U.S. Population Growth*, dicembre 2002 e *Immigration: Shaping and Reshaping America*, giugno 2003. Fra le pubblicazioni curate dallo Us Census Bureau: *Demographic Trends in the 20th Century*, novembre 2002; *Statistical Abstract of the United States*, edizione 2006.

Sull'11 settembre 2001: National Commission on Terrorist Attacks Upon the United States, *The 9/11 Commission Report*, New York, NY, W.W. Norton Company, 2004 (disponibile anche nel sito web della commissione). In italiano è uscita la versione illustrata a fumetti del rapporto della commissione: S. Jacobson ed E. Colón, *9/11*, Padova, Alet edizioni, 2006. Sulla politica estera americana: W.R. Mead, *Il serpente e la colomba*, Torino, Garzanti, 2002; T. Friedman, *Il mondo dopo l'11 settembre*, Milano, Mondadori, 2003; R. Kagan, *Paradiso e potere*, Milano, Mondadori, 2003; N. Podhoretz, *La quarta guerra mondiale*, Torino, Lindau, 2004; I.H. Daalder e J.M. Lindsay, *America Unbound*, Hoboken, NJ, Wiley, 2005; il numero dell'«e-Journal USA» *Significant Events in U.S. Foreign Relations, 1900-2001*, serie *Foreign Policy Agenda*, Washington, DC, Department of State, aprile 2006.

Siti internet

www.constitutioncenter.org Sito del National Constitution Center.
www.archives.gov Sito della National Archives and Records Administration.
www.firstgov.gov Portale del governo degli Stati Uniti.
www.gpoaccess.gov Sito dello Us Government Printing Office.
www.loc.gov Sito della Library of Congress.
thomas.loc.gov Sito di informazione legislativa del Congresso degli Stati Uniti.
www.house.gov La Camera dei rappresentanti.
www.senate.gov Il Senato degli Stati Uniti.
www.whitehouse.gov Il presidente degli Stati Uniti.
www.supremecourtus.gov La Corte Suprema degli Stati Uniti.
www.uscourts.gov Il sistema giudiziario federale.
www.oyez.org Sito di informazione sulla Corte Suprema.
www.findlaw.com Uno dei maggiori siti giuridici americani.
www.law.cornell.edu Codici e sentenze nel sito del Legal Information Institute.
www.thegreenpapers.com Sito di informazione sulle elezioni federali.
www.stateconstitutions.umd.edu Banca dati delle costituzioni statali.
www.yale.edu/lawweb/avalon/avalon.htm Sito di documenti storici della Yale Law School.
www.fpc.state.gov/c4564.htm Rapporti del Congressional Research Service e delle agenzie federali.
www.usinfo.state.gov Il sito di informazione internazionale del dipartimento di Stato.
www.c-span.org Informazione politico-istituzionale nel sito del Cable-Satellite Public Affairs Network.

INDICE DEI NOMI

INDICE DEI NOMI

Finito di stampare nell'ottobre 2006
dalla litosei, via rossini 10, rastignano, bologna
www.litosei.com